Hans J. Mayland

Bewährte und begehrte
Cichliden
Amerikas

Interessante altbekannte
und neue Buntbarsche
aus Mittel- und Südamerika

 Landbuch

Fotos:

Das Titelfoto zeigt zwei weibliche Tiere von *„Aequidens" biseriatus* aus der Provinz Choco im westlichen Tiefland Kolumbiens.

Jürgen Glaser, Seiten 78, 79 unten
Hilmar Hansen, Seite 30
Dieter Höhle, Seite 106 oben
Paul V. Loiselle, Seite 35 (2)
Heinrich Scheuermann, Seite 106 unten
Günter Schmelzer, Seiten 39 oben, 46
Heinrich Völzke, Seite 74
Hans J. Mayland, Titelfoto und alle übrigen

Landbuch-Verlag GmbH, Hannover, 1990

Lektorat: Ralph Becker, Hannover
Farblithos: ReproDukt GmbH, Langenhagen
Satz, Druck und buchbinderische Verarbeitung:
Landbuch-Verlag GmbH, Hannover

ISBN 3 7842 0439 2

Inhaltsverzeichnis

Teil II:
Weitläufige Lebensräume Südamerikas

Allgemeines über amerikanische Buntbarsche

Nomenklatur der Individualisten

Die Lebensräume der Cichliden oder Buntbarsche in Mittel- und Südamerika sind nicht nur weit gestreut, sie sind – besonders in Mittelamerika – auch von sehr unterschiedlicher Wasserqualität. Entsprechend dieser Mannigfaltigkeit kann man zwischen sehr robusten Tieren einerseits und besonders empfindlichen andererseits ebenso unterscheiden, wie zwischen sehr groß werdenden und sehr klein bleibenden Individuen. Als Aquarienfische konnten sich bisher weniger die Riesen, als besonders Vertreter der kleinen und mittelgroßen Arten durchsetzen.

Wie die meisten Buntbarsche unserer Erde gehören auch die amerikanischen Cichliden zu den Individualisten. Sie sind also weniger Fische, die man im Schwarm antrifft, wie etwa die kleineren Salmler oder Tetras. Die Buntbarsche der Neuen Welt trifft man meist paarweise oder als Einzelgänger an – je nach Ernährungs- und sonstiger Lebensweise. Ebenso wie in Afrika, finden wir auch unter den amerikanischen Cichliden solche, die ein eher zurückgezogenes Leben führen, und andere, die man vorwitzig schwimmend in vielerlei Zonen ihres Biotops antrifft. Schließlich sind da noch die Räuber, deren Nahrungserwerb darin besteht, Beute zu suchen und sich entweder lauernd oder verfolgungsschwimmend über die Opfer herzumachen. Einen großen Teil der Fische (und nicht nur der Buntbarsche) mit einer

Länge von über 30 Zentimetern kann man ihrer Veranlagung nach als Fischräuber ansehen. Oft genug fallen Raubfische auch kannibalisch übereinander her und fressen sich gegenseitig – falls es der Größenunterschied zuläßt. Da werden dann auch die eigenen Geschwister nicht verschont.

Oft jedoch erstaunt es, wenn man Verfolgungsschwimmer, wie etwa die Vertreter der Gattung *Cichla*, beim Beutemachen in ihrem natürlichen Lebensraum beobachtet. So etwas geschieht in einem Wasser, das kaum Sicht gewährt, weil es entweder schwarz wie Kaffee oder stark von Sediment getrübt ist. Wie können die Räuber ihre Opfer sehen? Normalerweise würde jeder Verfolger in einem Raum, den er nicht völlig einsehen kann, vermeiden, mit hoher Geschwindigkeit zu schwimmen. Dazu könnte ein schneller Richtungswechsel des Opfers den Verfolger verunsichern und ihn in die Irre leiten. Dies kommt jedoch selten vor. Jäger, wie diese und andere Fische, verfügen über ein Ortungssystem, dessen Sensoren sich bis in den Vorderkopf hineinziehen. Normalerweise denkt man, wenn vom Ortungssystem der Fische die Rede ist, zuerst an das System der Seitenlinien, die über Nervenfasern mit dem Zentralnervensystem verbunden sind. Sensoren, ähnlich denen der Seitenlinien, ziehen sich bei Fischen, die solche Sensoren als ›Frontradar‹ benötigen, bis in den Kopf hinein, wo sie sich in verschiedene Äste teilen. Die hier eingelagerten Sinneszellen sind mit Fortsätzen ausgestattet, die der Reizaufnahme dienen und so den Fisch in die Lage versetzen, auch ohne wesentlichen Gebrauch seiner Augen, mit Hilfe der gemeldeten Wasserströmungen und Druckunterschiede sein Opfer zu finden.

Es versteht sich, daß das Sehvermögen bei den meisten Fischen eine dominierende Rolle beim Nahrungserwerb spielt. Da die überwiegende Zahl der Cichliden ihren Lebensraum wie auch ihr individuelles Versteck bodennah wählt, liegt auch der Raum ihrer Nahrungsaufnahme in diesem Bereich. Die meisten Buntbarsche sind Kleintierfresser, eine Kategorie, die hier Mikroorganismen, Würmer, Weichtiere, Insektenlarven, größere Krebschen, und vorüberschwimmende, ungeschützte Jungfische umfassen soll. Viele dieser Nahrungstiere suchen Schutz in Algenpolstern oder unter Steinen, aber die Fische sind meist findig genug, auch diese Verstecke aufzustöbern und die gefundene Nahrung zu verspeisen.

Da für viele Aquarianer die schönen Farben ihrer Pfleglinge so reizvoll sind wie die Möglichkeit, sie zur Zucht zu bewegen, kann man davon ausgehen, daß die meisten der importierten Cichliden nachgezüchtet werden. Die Paarbildung läuft im Aquarium meist anders ab als im natürlichen Lebensraum der Fische. Nur selten haben die Tiere im Aquarium eine Wahl unter mehreren Partnern, was sicher vorteilhafter wäre. Dazu kommt, daß die Becken oft eng bemessen sind, und so die Tiere zunächst einmal ihre eigene Sicherheit in den Vordergrund ihrer Handlungen stellen müssen. Das kann Kampf bedeuten – Kampf, der oft mit dem Tod des unterlegenen Tieres endet, wenn Drohgebärden allein eine Auseinandersetzung nicht beenden können. Zum Drohen werden alle Flossen gespreizt, Kiemendeckel und Mundboden vorgestellt, um mit vergrößertem und wuchtigerem Körperumfang beim Gegenüber Eindruck zu machen. Schwarze Flecke auf den Kiemendeckeln wirken dabei wie drohende Male. Eine Unterstützung erhoffen beide Kämpfer(innen) durch einen Farbwechsel, bei dem auch die dunklen Elemente den Eindruck des Drohens verstärken sollen. Je intensiver die dunklen Farben gezeigt werden, um so größer ist meist die Drohgebärde. Sie deutet bei vielen Tieren maximale Kampfstimmung an. Hat ein Tier im Aquarium bereits seit längerer Zeit Quartier bezogen, wird jeder neu zugesetzte Buntbarsch grundsätzlich als Eindringling angesehen. Das gilt besonders für gleichgeschlechtliche Tiere derselben Art. Bevor das Geschlecht des Neuankömmlings nicht ermittelt ist (aber auch später noch), kann es zu größeren Auseinandersetzungen kommen. Es empfiehlt sich daher, dafür Sorge zu tragen, daß das Aquarium, in dem man Tiere unterschiedlichen Geschlechts als Fortpflanzungspartner zusammenführen möchte, für b e i d e Tiere neu ist.

Auch wenn oft behauptet wird, Offenbrüterweibchen würden zur Eiablage ein freiliegendes Substrat – etwa einen flachen Stein – bevorzugen, so muß dennoch festgestellt werden, daß die Eltern stets um Schutz für die späteren Nachkommen bemüht sind: Sie ziehen in vielen Fällen für die Eiabgabe und Befruchtung einen überdachten Platz vor, sofern ein solcher Unterstand vorhanden und groß genug ist. Auch bei der Einrichtung von Aquarien für größere Cichliden gilt daher der Grundsatz, daß Vorsicht nicht nur eine Schutzmaßnahme des scheinbar Schwächeren ist.

Die größere Zahl der Zwergcichliden gehört nicht zu den Offenbrütern, sondern ihre Weibchen bringen das Gelege in einer Höhle unter. Eine Ausnahme bilden hier beispielsweise die Vertreter der Gattung *Microgeophagus* (früher *Papiliochromis*), die zwar der Größe wegen noch zu den Zwergen gerechnet werden, ihre

Gelege aber nach Art der Offenbrüter anlegen. Aus Afrika kennen wir die große Zahl der Maulbrüter. Wir finden aber ein solches Brutverhalten auch bei einigen Arten amerikanischer Buntbarsche, vorwiegend jenen der Gattungen *Geophagus*, *Gymnogeophagus* und *Satanoperca*.

Abschließend noch ein paar Anmerkungen zur Nomenklatur amerikanischer Cichliden:

Neue Namen sind für viele das ›Salz in der aquaristischen Suppe‹, auf andere wirken sie wie ein rotes Tuch. In einem amerikanischen Buch wurden einmal die Wissenschaftler in zwei Kategorien eingeteilt, die ›lumpers‹ (Zusammenklumper) und die ›splitters‹ (Zerteiler). Die Meinungen darüber, ob sogenannte Sammelgattungen wie *Haplochromis*, *Aequidens*, *Cichlasoma*, *Geophagus* usw. nützlicher sind als viele andere, in denen die Arten in enger begrenzten Rahmen untergebracht sind, gehen auseinander. Wie der Leser in diesem Buch feststellen wird, hat es in den letzten Jahren eine große Zahl von ›Zerteilungen‹ (sprich: Aufteilung der Arten in neu geschaffene Gattungen und Wiedergültigmachen von Synonymen) gegeben, deren Autor bei den amerikanischen Cichliden meist der junge schwedische Ichthyologe Sven O. Kullander ist. Eine solche Auffassung und Arbeit ist jedoch keine Frage des Alters, wie der interessierte Aquarianer beim Studium der verschiedenen *Haplochromis*-Revision bei den Buntbarschen Afrikas feststellen kann. Mit jeder neuen wissenschaftlichen Arbeit kommt hoffentlich auch mehr Information über die Fische zu uns, weshalb wir diese nicht grundsätzlich ablehnen sollten. Und schließlich gebrauchen wir heute alle so oft die Vorsilbe ›Bio‹. Sie bedeutet ›Leben‹, . . . und das Leben bleibt nun einmal nicht stehen!

Teil I:
Mittelamerikas Fischregionen

Gruppe 1:
Von Mexikos Norden
bis zum Rio-Balsas-Tal
Ausgedehnter Lebensraum mit sehr unterschiedlichen Wasserqualitäten

Um einen Überblick über Amerikas Cichlidenregionen* zu gewinnen, müssen wir im Norden Mexikos beginnen. Hier, wo die verschiedenen Sierras (Gebirge) die Biotope bestimmen, gibt es stellenweise viel Kalk und viel Gips – Stoffe, die das Wasser hart machen. Man darf allerdings nicht verallgemeinern. Von den Fischen, die hier leben wollen, verlangen die Umstände auf jeden Fall eine ausgeprägte Anpassungsfähigkeit.

Am weitesten nach Norden verbreitet sind die Vertreter von *Cichlasoma cyanoguttatum* auf der atlantischen Seite, wo die Fische bis in einige Flußsysteme von Südtexas vorgedrungen sind (›Texas-Cichlide‹). Auf der pazifischen Seite schaffte *C. beani* nicht ganz die gleiche geographische Höhe, und bewohnt hier die Gewässer der Küstenzonen in den Staaten Sinaloa, Nayarit und Jalisco. Mit einer Länge bis rund 30 cm erreicht dieser Räuber aus der Sektion *Parapetenia* (siehe dieses beson-

---

* die hier in der Folge genannten mittelamerikanischen Cichlidenregionen wurden nach Vorgaben von MEEK (1904), MILLER (1966/1976) und BUSSING (1976/1987) zusammengestellt.

dere Kapitel) eine für aquaristische Verhältnisse stattliche Größe und wird demgemäß nur wenig gepflegt.

Mit einigen im Süden des Rio-Pánuco-Systems gelegenen Flüssen (R. Cazones, R. Tecolutla, R. Nautla/ östliche Abdachung) und dem System des Rio Balsas (westliche Abdachung) endet diese Region im Süden.

Neben den bereits erwähnten beiden Arten kennen wir aus dieser nicht allzu stark besiedelten nördlichen Region den erst 1983 von TAYLOR & KORNFIELD erstbeschriebenen *C. minckleyi*, der im Gebiet der Wüstenteiche um Cuatro Ciénegas (westlich der Stadt Monclova) bei verschiedenen Populationen ernährungsbedingt unterschiedliche Formen gebildet hat. Die verwandtschaftliche Nähe zum Texas- (*C. cyanoguttatum*) wie auch zum Perlcichliden (*C. carpinte*) ist bei diesen ähnlich getüpfelten Buntbarschen augenfällig. Sie wurden bereits wiederholt eingeführt. Tiere dieser Art werden knapp 20 cm lang.

Cichlasoma carpinte, oft auch fälschlich als *C. cyanoguttatum* gehandelt, ist der bekannteste Vertreter aus dem weiten Gebiet um das System des Rio Pánuco. Zu ihm gesellen sich der (selten importierte) etwas gestrecktere *C. steindachneri*, dazu *C. pantostictum, C. bartoni* und *C. labridens*. Von allen hat jedoch allein der erste die Zuneigung der *Cichlasoma*-Freunde gewinnen bzw. erhalten können – trotz vieler Artikel in der neueren einschlägigen Literatur.

Bei *C. carpinte*, spätestens 1982 von LOISELLE als selbständige Art anerkannt, handelt es sich um die Spezies, deren Vertreter im Handel als ›Perlcichliden‹ oder ›Perlmutterbuntbarsche‹ geführt werden. Ihr wissenschaftlicher Artname verdankt seine Herkunft der Laguna Carpintería, nahe der Küstenstadt Tampico, an

Cichlasoma pantostictum hat Ähnlichkeit mit *C. carpinte*, ist aber feiner gepunktet.

Cichlasoma beani. Ein erwachsenes, im Aquarium ziemlich bissiges Männchen.

Cichlasoma istlanum aus dem Rio Balsas, der sehr hartes Wasser führt.

der mexikanischen Ostküste, bei der auch der große Rio Pánuco in den Golf von Mexiko mündet. Bei den Buntbarschen, die zwar bis zu 30 cm lang werden können, jedoch bereits mit einer Länge von etwa 10 cm geschlechtsreif und damit vermehrungsfähig sind, haben wir es mit interessanten und nicht anspruchslosen Pfleglingen zu tun. Sie brauchen allerdings ein geräumiges Aquarium ab 100 cm Frontlänge, in dem auch die als Offenbrüter bekannten Fische, ihrem natürlichen Schutzbedürfnis entsprechend, unter Überhängen oder in Höhlen ihren festen Standort haben und diesen meist auch verteidigen. Kommt es zur Nachzucht, betreuen beide Eltern (›Elternfamilie‹) Laich und Nachkommen. Erwachsene Tiere brauchen eine ihrer Größe entspre-

wobei die Heimat des letzten unter Bildung verschiedener geographischer Rassen bis weit in den Süden Mittelamerikas hinunterreicht. Von den altbekannten Arten, die nach unseren Begriffen eine eher räuberische Ernährungsweise führen und daher der Sektion *Parapetenia* (siehe dieses Kapitel) angegliedert wurden, sei hier der Achtbindenbuntbarsch *C. octofasciatum* genannt, der lange Zeit unter seinem heutigen Synonym *C. biocellatum* aquaristisch gehandelt wurde.

Erst mit dem Einsetzen neuer Aktivitäten und den sich anschließenden Aquarianerreisen vor allem in den Süden Mexikos, begannen aquaristisch bisher weitgehend unbekannte und daher als ›neue Arten‹ bezeichnete Spezies den altbekannten den Rang abzulaufen. Zu ihnen muß man in erster Linie die bunten Vertreter der Sektion *Theraps* rechnen, allen voran der sogenannte Quetzalbuntbarsch, *Cichlasoma synspilus*. Sein Hauptverbreitungsgebiet liegt im System des großen Rio Usumacinta, der über eine lange Strecke die Grenze zwischen Mexiko und Guatemala bildet. Zur selben Sektion gehören auch inzwischen so bekannte Arten wie *C. bifasciatum*, *C. fenestratum*, *C. guttulatum*, *C. hartwegi*, *C. microphthalmus*, *C. zonatum* und *C. maculicauda*. Die Verbreitung des letzten reicht wohl deshalb so weit über die hier beschriebene Fischregion bis nach Panamá hinaus, weil die Vertreter von *C. maculicauda* vielen ihrer Verwandten eines voraus haben: Sie können unbeschadet weit in brackige Gewässer hineinschwimmen und daher natürliche Barrieren der Verbreitung eher überwinden.

Auch aus dieser Region kennen wir inzwischen Vertreter einiger Arten, die durch ihr kleines, meist auch etwas zugespitztes Maul auffallen. Es sind aber nicht

Cichlasoma (Theraps) coeruleum: Die bläulich gefärbten Weibchen lassen ihren Artnamen am ehesten erkennen.

allein die größer werdenden gestreckten Verwandten aus der Sektion *Paraneetroplus*, wie *C. bulleri*, *C. gibbiceps*, *C. lentiginosum*, *C. irregulare* und andere. Auch ein erst in letzter Zeit entdeckter kleinbleibender Vertreter dieser Sektion ist darunter, dessen Gesamtlänge 10 cm kaum überschreitet. Er stammt aus einem Zufluß des Rio Mizol im System des Rio Tulipa im Norden des mexikanischen Staates Chiapas:

Cichlasoma (Theraps) coeruleum.

Diese bodennah lebenden kleinen Cichliden, von den Autoren STAWIKOWSKI & WERNER (1987) zu (der von ihnen anerkannt selbständigen Gattung!) *Theraps* gestellt, kommen zum Teil in recht strömungsreichen

Gewässern vor. Es soll hier nicht geklärt werden, ob der bereits 1985 von SEEGERS & STAECK als *Theraps rheophilus* benutzte Artname (in der Arbeit wurde ein Tier von *C. lentiginosum* als ›Exemplar der neuen Art‹ vorgestellt) künftig Priorität hat oder als Synonym von *C. lentiginosum* anzusehen ist.

Blieben noch einige bekannte Vertreter aus der Sektion *Parapetenia* (siehe auch dieses Kapitel) zu erwähnen, deren Lebensraum in der hier behandelten südmexikanischen Region liegt. Als besonderes Unterscheidungsmerkmal dieser Fischräuber gelten unter anderem ihre Fang- oder ›Hundszähne‹, von Wissenschaftlern auch ›Canini‹ genannt (abgeleitet vom Lateinischen *caninus* = Eckzahn).

C. grammodes wurde erst 1980 von TAYLOR & MILLER beschrieben und gehört nach meiner Meinung zu den schönen Arten, denen man aquaristisch viel Aufmerksamkeit schenken sollte. Die Tiere wachsen bei guter Fütterung gar nicht so langsam, erreichen schließlich eine Länge um 20 cm und benötigen deshalb auch im Stadium des Heranwachsens bereits viel Raum. Ihre natürliche Verbreitung ist nur aus dem Becken des Rio Grande de Chiapa im System des Rio Grijalva bekannt. Bei ihrer Aufzucht konnte ich feststellen, daß sich einzelne Tiere eines Schwarmes besonders schnell weiterentwickeln. Bei ihnen handelt es sich fast immer um aggressiv werdende Männchen, die bereits als Jungtiere auffällig gern die Kiemendeckel als Drohgebärde abspreizen und auch von Seiten ihrer Nachbarn im größeren Aquarium mit dem nötigen Respekt behandelt werden.

C. salvini hat bereits seit vielen Jahren aquaristische Freunde gefunden. Sein Verbreitungsraum ist weiter ausgedehnt als jener der vorgenannten Art. Er reicht vom Rio Papaloapán (der südlich der Stadt Vera Cruz in den Golf von Mexiko mündet) über Guatemala (Rio de la Pasión, Lago Petén u.a.) bis nach El Salvador. Entsprechend dieser relativ weiten Verbreitung sind von dieser Art mehrere geographische Form- und Farbvarianten bekanntgeworden, wobei vor allem die Formenvielfalt auf die große Anpassungsfähigkeit der Tiere an die jeweiligen Bedingungen in ihrem Lebensraum hinweist (hochrückige und gestreckte Formen). In diesen so unterschiedlichen Biotopen finden die Fische teils sehr weiches, teils aber auch recht hartes Wasser (dGH und dKH) vor. Die aquaristische Popularität dieser Fische geht aber wahrscheinlich auf die kräftigen Rottöne im unteren Flankenbereich der Weibchen zurück, wie man sie bei geschlechtsreifen Tieren sieht.

Neben dem bereits vorher erwähnten *C. octofasciatum* ist *C. friedrichsthalii* der aquaristisch verbreitetste unter den fischfressenden Cichliden, die hier, in Südmexiko, mit dem einheimischen Namen ›Guapote‹ belegt sind. Er wurde bereits im Jahre 1840 von HECKEL beschrieben. Dazu muß man noch *Petenia splendida* nennen, die einzige Art der Gattung, deren Vertreter Ähnlichkeiten mit denen der südamerikanischen Gattung *Caquetaia* (siehe letztes Kapitel) aufweisen. Alle werden 20 cm lang – unter guten Lebensbedingungen auch noch ein gutes Stück größer. Von Einzeltieren des ›Superräubers‹, der in ruhigen, oft sauerstoffarmen Gewässern versteckt auf Beute lauert, weiß man, daß sie eine Länge bis an die 40-cm-Grenze erreichen können. *C. octofasciatum*, aquaristisch nie ›ausgestorben‹ und – wie erwähnt – bis in die 60er Jahre wohl hauptsächlich unter dem Synonym *C. biocellatum* gehandelt, kommt

auf der atlantischen Seite vom Rio San Juan im Bundesstaat Veracruz/Mexiko, bis über die honduranische
Grenze vor. Die Verbreitung von *C. friedrichsthalii*
reicht dagegen noch weiter nach Süden, bis in den
Norden von Costa Rica hinein. Die Lebensräume des
spitzköpfigen *P. splendida* mit den wuchtigen Kiefern
sind enger begrenzt und reichen vom System des Rio
Grijalva im Süden Mexikos, über Guatemala (Rio
Usumacinta, Lago Petén) bis nach Belize (Rio Belize).
Mit Ausnahme der Vertreter der Sektion *Thorichthys*,
wird für die Haltung der übrigen Arten, deren Länge
allemal 15 cm überschreitet, ein Aquarium von mindestens 120 cm Länge benötigt. Für *Thorichthys*-Ver-
wandte kann das Becken etwas (!) kleiner sein. Die
stabilen, nicht fortzubewegenden Aufbauten sollen fest
auf der Bodenplatte – nicht dagegen auf dem Bodengrund – aufstehen. Dadurch werden Unfälle vermieden,
wenn die Fische graben und dabei rutschende Aufbauten zum Einstürzen bringen.
Die Pflege von Tieren all dieser Arten ist insofern nicht
schwer, als sie, was die Wasserqualitäten anbelangt,
recht anpassungsfähig sind. Allerdings muß man erwähnen, daß die meist jung erworbenen Tiere heranwach-
sen und ihnen dann die vorher erwähnte Beckenlänge
von 120 cm oft nicht mehr ausreicht. Wenn dann noch
gleichgeschlechtliche Tiere – auch verschiedener Arten
– ihre territorialen Kämpfe austragen, kann es für die
unterlegenen bald zu Streßsituationen mit bösen Folgen
kommen.
Von mittelamerikanischen Cichliden weiß man, daß sie
ausnahmslos zu den Offen- und Höhlenbrütern zu rechnen sind. Das Vorhandensein von Höhlen ist aber auch
für jene Tiere wichtig, die man als Offenbrüter kennt.

Cichlasoma grammodes ist ein schöner Räuber, der sich im Aquarium auch gegenüber starken Fischen durchzusetzen weiß.

Auch ist es ein Trugschluß anzunehmen, daß Offenbrüter eine geräumige Höhle, wenn sie im Aquarium angetroffen wird, zur Zucht ausschlagen, um statt derer ihr Gelege auf einen von allen Seiten ungeschützten Stein oder eine dementsprechende Wurzel abzusetzen. Wichtiger für die Vorbereitung auf eine Zucht sind gut harmonisierende Partner. Ein gutes Gelingen der Zucht hängt in großem Maße vom ungestreßten Einklang der beiden Elterntiere ab. Soweit man bei Nachzuchten der bis heute bekanntgewordenen Arten beobachten konnte, handelt es sich beim Pflegeverhalten dieser Tiere ausschließlich um Elternfamilien mit ›festgelegter‹ Arbeitsteilung.

Abschließend möchte ich noch einmal auf den Quetzal-buntbarsch, einen der beliebtesten Cichliden dieser Region, zurückkommen.

Cichlasoma synspilus, wie sein wissenschaftlicher Namen lautet (und hier mit „*us*"-Endung, da substantive Form!), zeigt im Verlauf seiner Entwicklung ein wechselndes Farbkleid; dazu gibt es verschiedene geographische Farbrassen. Die Geschlechter zu unterscheiden ist auch bei geschlechtsreifen jüngeren Tieren nicht einfach. Erst dann, wenn die Männchen ein bestimmtes Alter erreicht haben und sich der bekannte Stirnhöcker bildet, sind klare Geschlechtsmerkmale gegeben. Es empfiehlt sich daher für den Züchter, die jungen Zuchttiere entweder gleich paarweise zu erwerben oder ein Paar aus einer Gruppe von Jungtieren sich selber finden zu lassen. Das Aquarium darf dann aber keine zu geringen Ausmaße haben: 160 bis 180 cm sind angeraten. Als Nahrung empfehlen sich viele der gängigen Futterarten. Selbst Kleinstsäuger, wie frisch geborene Mäuse (wie man sie in Instituten als Futtertiere züchtet und einfriert), werden von erwachsenen Fischen genommen. Diese stehen dem Aquarianer jedoch nur in Ausnahmefällen zur Verfügung, und eine derartige Fütterung ist auch nicht jedermanns Sache. Das frühzeitige Gewöhnen an Krebstiernahrung (z.B. tiefgefrorene und gewässerte Garnelen, auch aus dem Meer!) hat den Vorteil, daß die roten Töne in der Körperfärbung der Fische gekräftigt werden. Vegetarische Kost soll in keinem Fall fehlen, denn diese Nahrung wird von den Fischen auch in ihrem natürlichen Lebensraum häufig aufgenommen! Es ist überhaupt erstaunlich, welche Nahrungsarten große Cichliden zumindest probieren: Man muß es nur anbieten!

Durch den hohen Stoffumsatz der Tiere kann sich der Nitratwert des Wassers relativ schnell ungünstig erhöhen. Der regelmäßige Teilwasserwechsel darf deshalb nicht vernachlässigt werden, auch wenn das Becken ›ja soviel Wasser‹ faßt.

Vertreter anderer, kleinerer Cichlidenarten eignen sich als Mitbewohner. Die Paarungsbereitschaft läßt ein Quetzalbuntbarschweibchen anfangs meist dadurch erkennen, daß es dem Partner nicht mehr von der Seite weicht. Kommt dann auch das Männchen in Balzstimmung, und seine Aggressivität nimmt zu, so ist es vorteilhafter, wenn sie sich an den schnellen Mitbewohnern entlädt als an der eigenen Partnerin. Ist allerdings ein Mitkonkurrent der eigenen Art im Becken, so ist er fast immer der Dumme und wird attackiert. Nach der von Pausen unterbrochenen Balz wird ein ausgewähltes Substrat – meist eine Steinplatte – geputzt. Wenn Eiabgabe und Befruchtung einen harmonischen Ablauf haben, kann der Züchter mit mehr als tausend Nachkommen rechnen, und spätestens jetzt zeigt sich, wozu das große Aquarium gut ist. Es kann aber vorkommen – besonders bei erstzüchtenden jüngeren Paaren – daß die Eier nicht gleichmäßig befruchtet wurden und der unbefruchtete Teil des Geleges bald verpilzt. Die Larven schlüpfen – temperaturbedingt – nach 2 bis 3 Tagen und werden jetzt aufmerksam von der Mutter umgebettet und betreut, während das Männchen Störenfriede aus dem weiteren Bereich der Kinderstube fernhält. Wenn die Nachkommen schließlich nach einer weiteren knappen Woche freischwimmen und auf Nahrungssuche gehen, müssen sie kräftig gefüttert werden. Artemia-Larven werden sofort gierig genommen, aber bald schon reicht diese Nahrung nicht mehr aus; es muß

etwas Kräftigeres sein! Tausend hungrige Mäulchen mehrmals am Tage zu stopfen erfordert einige Umsicht. Das soll der Züchter bereits dann bedenken, wenn er Tiere wie diese anschafft.

Gruppe 3:
Die pazifische
Chiapas-Nicaragua-Region

Ein zum Teil fruchtbares, doch durch viele Mischwasserzonen gegliedertes Gebiet

Es handelt sich um eine schmale Zone entlang der pazifischen Küste, die sich – etwa ab Acapulco – nach Südwesten erstreckt und an der Westseite Nicaraguas – etwa bei der Stadt León – endet. Die Artenvielfalt hält sich innerhalb der Cichlidenfamilie hier in relativ engen Grenzen, und die Zahl der Arten umfaßt höchstens ein Dutzend. Als aquaristisch bekanntesten Vertreter dieses Raumes dürfte man *Cichlasoma trimaculatum* (Sektion *Parapetenia*) ansehen. Die Zuordnung in diese Sektion ist allerdings nicht unumstritten. So möchte LOISELLE (1982-b) die Vertreter der Art aufgrund der allgemeinen Morphologie, der Farbverteilung wie auch der optischen Geschlechtunterschiede (des ›Geschlechtsdimorphismus‹) lieber in der Sektion *Amphilophus* sehen.

Ebenfalls, aber nur bis etwa in die Mitte dieser gestreckten Region, reicht der Lebensraum des weit verbreiteten *C. (Archocentrus) nigrofasciatum*. Für die Verbreitung des gelegentlich eingeführten *C. (Amphilophus) macracanthus* wird ein Gebiet vom Rio Tehuantepec (mündet in den gleichnamigen Golf) bis zur Mündung des Rio (de) Paz (Grenze Guatemala/El Salvador) angegeben, zu dem *C. guija* aus demselben Gebiet bis zum Rio Lempa (El Salvador) möglicherweise ein Synonym ist. Aus Gebieten in El Salvador und Honduras (Rio Choluteca) ist auch das Vorkommen von *C. (Parapetenia) motaguense* nachgewisen, eine Art, deren Identifizierung vielen Aquarianern Schwierigkeiten in der Abgrenzung gegenüber *C. friedrichsthalii* machte und vielleicht noch macht.

C. trimaculatum ist eine Art, deren Vertreter die genannte Fischregion fast in der gesamten Länge bewohnen. Sie leben in reinem Süßwasser, wechseln gelegentlich aber auch in brackige Lagunen über. Aus diesem Grunde macht die Anpassung der Tiere bei der aquaristischen Haltung die wenigsten Schwierigkeiten. Die liegen dagegen eher in der Endgröße der Tiere (bis 35 cm) sowie ihrer Unverträglichkeit in zu engen Bekken oder bei ihnen nicht zusagender Gesellschaft. Bereits der leicht vorspringende Unterkiefer, wie ihn viele Vertreter der kämpferisch starken Sektion *Parapetenia* haben, zeigt, daß man diesen wehrhaften und oft aggressiven Tieren nur ebenbürtig starke Mitbewohner zugesellen darf.

Die Identifizierung dieser Cichliden ist kinderleicht, weil allein der schwarze, hell gerandete Schulterfleck als Erkennungsmerkmal einzig ist (Foto Seite 30). Die Körpergrundfärbung der Fische kann von lehmgelb, aber, wie zu sehen, auch von grün irisierendem Glanz überzogen sein. Große alte Tiere, bei denen auch die Männchen einen Stirnbuckel tragen, sind dagegen oft ockergoldgelb gefärbt. Kehle und Brust, aber auch die Flossen nehmen während der Balz- und Brutzeit intensiv rote Töne an. Ein Muster aus vertikalen Streifen liegt dann über den Flanken, und die weiblichen Tiere zeigen eine schwarze Bauchpartie. Die Zucht ist im übrigen problemlos: So kämpferisch sich die Tiere oft zeigen – ihren Nachkommen gegenüber sind sie sehr fürsorgliche Eltern. Ähnliches zur Zucht und Betreuung der Nachkommen kann man übrigens auch von *C. motaguense* sagen.

Gruppe 4:
Die Rio-San-Juan-Region
Die atlantische Abdachung von Nicaragua, Costa Rica und dem Westen von Panamá

Als bekanntester Lebensraum von Cichliden mögen in dieser Region die großen Seen in Nicaragua gelten. Die Biotope dieses Gebietes beherbergen rund 15 gut bekannte größere und kleiner bleibende Cichlidenarten, darunter so populäre wie *Cichlasoma (Amphilophus) citrinellum, C. (A.) labiatum, C. (Parapetenia) managuense, C. (Theraps) nicaraguense, C. (Amphilopus) longimanus, C. (Amphilopus) robertsoni, C. (Archocentrus) centrarchus, C. (Amphilophus) rostratum, C. (Amphilophus) alfari, C. (Theraps) maculicauda, C. (Parapetenia) dovii* und schließlich *C. (Archocentrus) spilu-*

Cichlasoma trimaculatum mit dem arttypischen schwarzen, hell geran-
deten Schulterfleck.

rus, *C. (Archocentrus) septemfasciatum, Neetroplus
nematopus* und auch *Herotilapia multispinosa*. Für eine
Reihe der Arten gelten die Gewässer dieser Region
zwar nicht unbedingt als ausschließlicher Lebensraum,
doch kann man in diesem Großraum den Schwerpunkt
ihrer Verbreitung feststellen.

Zu den Arten, die in einem enger begrenzten Gebiet in
und um die nicaraguanischen Seen leben, gehören die
beiden goldgelb (zuweilen auch rötlich oder nur schlicht
grau) gefärbten ›Midas-Cichliden‹ *C. citrinellum* und
C. labiatum. Der in den USA gebräuchliche Zusatz
›Midas‹ soll an den phrygischen König Midas der grie-
chischen Sage erinnern (alles, was er berührte, verwan-
delte sich in Gold. Apollo ließ ihm aus Rache für eine

Cichlasoma citrinellum. Heranwachsendes Männchen von etwa 16 cm Länge. Auf der Stirn erkennt man den kommenden Stirnbuckel.

Beleidigung Eselsohren wachsen). So kommt *C. labiatum* nur in den beiden großen Seen Nicaraguas (Managua- und Nicaraguasee) sowie in einigen der kleineren Kraterseen (Jiloá-, Apoyeque- und Masayasee) vor. Alle gehören in das Gebiet der pazifischen Abdachung. *C. citrinellum* konnte dagegen seine Lebensräume auch in Gebiete der atlantischen Abdachung ausdehnen und ist nördlich zum Beispiel bis etwa zum Yojoasee in Honduras und südlich bis nach Costa Rica hinein verbreitet. Es sind sogar Funde aus dem Norden von Panamá gemeldet worden (Valle de Chiriquí, nahe der Grenze zu Costa Rica).
Bei *C. citrinellum* dürfen der Artname (= zitronenfarben) sowie die goldgelben Körper der Tiere nicht dazu

verleiten anzunehmen, daß es sich dabei um ihre Standardfärbung handele. Es ist vielmehr, neben dem noch mehr geschätzten Rot, die Farbe, die wir Aquarianer bevorzugen, weil wir sie gegenüber den Grautönen als die schönere ansehen. Nur rund zehn Prozent dieser so bullig werdenden Fische von *C. citrinellum* zeigen in ihrem natürlichen Biotop eine weißliche, gelbe, rötliche oder gefleckte Färbung. Man spricht hier von Polychromie, einer Vielfarbigkeit innerhalb von Tieren derselben Art. Alle übrigen – also die restlichen neunzig Prozent (!) – zeigen eine hellgraubeige Grundfärbung, über der ein Muster aus etwa sieben schwarzen Querbinden liegt. Kopf und Flossen sind graublau. Gelbe oder orangerote Farbtöne findet man nicht nur bei den beiden hier angesprochenen Arten: Aquarianer werden sich zum Beispiel auch an entsprechend farbige Tiere von *Petenia splendida* erinnern.

Männliche Tiere von *C. citrinellum* bekommen mit zunehmendem Alter stets einen auffälligen Stirnhöcker (Foto Seite 31).

Die Zucht dieser Fische läßt sich am einfachsten in einem großen Aquarium herbeiführen, in dem es eine reichliche Zahl an Verstecken gibt und dem ›Chef‹ mehrere Partnerinnen zur Verfügung stehen. Eine nur paarweise Haltung kann insofern Probleme bringen, als weibliche, nicht laichbereite Tiere von paarungswilligen Männchen stark bedrängt und dabei gebissen werden, was zuweilen sogar zu ihrem Tod führen kann. Auch der Einsatz einiger größerer und wehrhafter Fremdfische kann hilfreich sein, da das gelbe Männchen seine ›Balzwut‹ zuweilen auch an diesen Tieren abzureagieren versucht. Obgleich man die Fische als ›Offenbrüter‹ bezeichnen muß, versucht das (meist spitzköpfigere)

Weibchen häufig, sein aus vielen hundert Eiern beste-
hendes Gelege geschützt zu plazieren – in einer großen
Höhle, falls vorhanden. Der Umfang des Geleges ist
abhängig von Alter und Größe sowie vom körperlichen
Zustand des Weibchens. Nach dem Schlupf der Larven
werden diese in Gruben umgebettet. In ihrem natürlichen Lebensraum suchen die Tiere ein Brutrevier von
mindestens 2 Quadratmetern abzugrenzen, das sie mit
aller Energie verteidigen. Macht sich die Schar der
Jungfische selbständig, erlischt der Hütetrieb und damit
auch die Aggression. Es ist dem Anspruch des Weibchens überlassen, ob das Brutrevier in der Felsenzone
oder (seltener) über sandigem bzw. leicht verschlammtem Grund angelegt wird. Obgleich es (meist alte) Tiere
dieser Art sind, die Fischer in den nicaraguanischen
Seen aus größeren Tiefen holen, laichen die Weibchen
im flachen und sonnendurchfluteten Wasser der Uferzonen. Interessant in diesem Zusammenhang ist die Fest-
stellung von BARLOW (1976), daß Tiere der gelben
Farbform im See bevorzugt in trüberen Gewässerschich-
ten leben. Möglicherweise ist somit die Gelbfärbung
eine Schutzanpassung.
C. labiatum unterscheidet sich in der Jugendform kaum
von den Citrinellum-Jungfischen, so daß bei Jungtieren
eine Unterscheidung beider Arten nicht einfach ist.
Junge Fische zeigen noch nicht ihre Adultfärbung. Bei
ihnen herrscht eine graugrüne Jugendfärbung vor. Die
Umfärbung beginnt etwa ab einem Alter von 3 Mona-
ten. Im Gegensatz zu den erwachsenen Tieren von
C. citrinellum sind hier die meisten (rund 90%) von
gelbem Farbton, während die restlichen Exemplare verschiedene durchgehend gefärbte oder mit weiß
gescheckte Rottöne annehmen. Die Männchen dieser

Art bekommen keinen Stirnbuckel, doch ist die Zahl der Tiere, bei denen die Lippen auffällige Verdickungen (›Wulstlippen‹) zeigen, größer als bei *C. citrinellum*. Tiere mit wulstigen Lippen behalten diese im Aquarium meist nur für eine Übergangszeit, dann bilden sie sich zurück. Ihr Wachstum wird durch umweltbedingte Reize bei der Nahrungsaufnahme ausgelöst, die im Aquarium nicht gegeben sind. Für die Zucht von *C. labiatum* gelten ähnliche Angaben, wie sie für die vorgenannte Art gemacht wurden.

<u>*C. nicaraguense*</u> muß man, was die Farbenpracht der Tiere anbelangt, zu den schönsten Aquarienfischen mittlerer Größe rechnen. Auch wenn die Männchen die beachtliche Größe von 20 cm erreichen können: Die Weibchen bleiben fast ⅓ kleiner, und die Geschlechtsreife der Tiere tritt bereits mit 12 (♂♂) bzw. mit 9 (♀♀) cm ein. Es handelt sich um relativ ruhige Fische, bei denen die Weibchen die bunteren Farben zeigen (Foto). Jüngere Weibchen dieser Art haben im Normalzustand eine hellblau schimmernde Grundfärbung. Der Bauch zeigt eine rötliche Zone. Mit zunehmender Geschlechtsreife und Laichbereitschaft nimmt der Körper an goldgelben Tönen zu, wobei sich die Kopfpartie blau bis seegrün färbt. Die Körperhälfte unterhalb der schwarzen Längsbinde wird ganz von Rot überzogen und der Gesamteindruck läßt die Tiere dann einen Spitzenplatz unter den schönsten Cichliden überhaupt einnehmen. Männliche Tiere zeigen in diesem letzten Stadium eine goldgelbe Färbung, die sich über den ganzen Körper zieht, nur die Kehlpartie bleibt heller. Alte Tiere bekommen einen leichten Stirnhöcker.

Die zentralen Biotope der Tiere liegen im Bereich der nicaraguanischen Grabenseen mit Ausdehnung bis in

Cichlasoma labiatum, gescheckte Farbform.

Cichlasoma nicaraguense. Weibchen mit rötlicher Bauchpartie, die mit zunehmendem Alter noch farbiger wird.

die südlichen Zuflüsse des Grenzflusses San Juan (Nicaragua/Costa Rica). Bei Untersuchungen der Lebensräume wurden Wassertemperaturen zwischen 23 und 36 °C festgestellt. Die Tiere züchten, wenn sie ein Paar gebildet haben, ziemlich leicht. Das Weibchen sucht zur Eiablage nach Möglichkeit einen versteckten Platz (Unterstand bevorzugt!). Dort wird das Gelege jedoch nicht nach Höhlenbrüterart an die Decke geheftet, sondern auf dem Boden abgegeben. Dieser soll daher nicht grob sein! Er kann aus einer Steinplatte oder feinem Sand bestehen. Da die Eier kaum Haftung zeigen, bringt eine Grube im Sandboden gegenüber der Steinplatte den Vorteil, daß das Gelege hierin besser zusammengehalten wird. Knapp 2 Wochen nach der Paarung sind die Jungen schwimmfähig und müssen ihr erstes Futter bekommen. Sie sind nicht sonderlich anspruchsvoll und nehmen neben den üblicherweise gereichten Artemia-Nauplien auch feines Trockenfutter.

C. longimanus (GUENTHER, 1869) trifft man neuerdings häufiger in den Becken der *Cichlasoma*-Freunde an. Man muß zwei Populationen unterscheiden: die von der atlantischen Abdachung dieser Region und die von der pazifischen. Letztere (in der Färbung schönere) wurden 1950 von CARR GIOVANNOLI als *C. popenoei* beschrieben. Dabei (Foto Seite 39, Jungtier) handelt es sich um Vorkommen im relativ engen westlichen Küstenabschnitt von Honduras, wo sich eine Reihe von Zuflüssen im System des Rio Choluteca vereint. Inzwischen gilt der letztgenannte Name jedoch als Synonym.

Bei *C. longimanus* handelt es sich um ruhige Fische, die aus relativ weichen Gewässern stammen, während der warmen Trockenzeit in seichten Gewässerabschnitten eine Menge Wärme (bis 36 °C) aushalten müssen und (deshalb?) in Gewässerabschnitte bis zu 850 Metern Höhe aufsteigen. Meist liegt hier der pH-Wert mit 8,0 bis 8,4 ein gutes Stück über dem Neutralwert. Im Aquarium zeigen die Fische zwar Temperament, meiden aber eine Gesellschaft mit Störern und ziehen sich dann lieber in den Hintergrund ihres Verstecks zurück. Wie man an ihrer Maulstellung und ihrem Bauchprofil erkennen kann, leben sie bodennah und nehmen ihre Nahrung auch bevorzugt von hier auf. Männliche Tiere werden 16 bis 20 cm lang; Weibchen bleiben deutlich kleiner und zeigen zuweilen einen oder zwei dunkle Flecke in der Rückenflosse. Halbwüchsige Tiere zeigen die Körpermusterung (schwarzer Kiemendeckelfleck, unregelmäßige schwarze Längsbinde, die in der Flankenmitte von einem kräftigen Punkt unterbrochen wird) noch besonders kräftig. Der graue Körper ist von undeutlichen Querbinden überzogen. Über allem liegt ein bläulicher Schimmer. Die bei älteren Exemplaren intensivere Rotfärbung der Bauchpartie, wie sie die Tiere der meisten Populationen zeigen, ist auch bei den halbwüchsigen bereits zu erkennen. Die Zucht spielt sich ähnlich ab, wie sie für *C. nicaraguense* beschrieben wurde. Die Gelege sind ziemlich umfangreich, die Eier jedoch recht klein und die nach etwa einer Woche freischwimmenden Jungfische winzig. Sie benötigen dann ebenso feines Lebend- und Staubfutter.

Neetroplus nematopus hat, wie auch eine Reihe von Vertretern der *Cichlasoma*-Sektion *Theraps*, einen kurzen Kopf mit stark gekrümmter Stirn, dazu ein recht kleines Maul, das den Tieren den Gesichtsausdruck eines ›mümmelnden‹ Kaninchens verleiht. Die normal gezeigte Grundfärbung ist graubraun mit einer breiten dunklen Vertikalbinde über der Flankenmitte. Kommen die Tiere jedoch in Balz- und Brutpflegestimmung, so färben sich Kopf, Körper und Flossen so dunkel, daß man sie beinahe schwarz nennen könnte (Foto oben). Die Zone der früheren dunklen Querbinde zeigt nun fast reinweiße Töne – eine Färbung, wie sie von keinem Cichliden einer anderen Art in Mittelamerika zu sehen ist. Eine einwandfreie Identifizierung ist deshalb leicht möglich.

Die Lebensräume dieser Art liegen im Tiefland der nicaraguanischen Grabenseen und reichen bis in den Norden von Costa Rica hinein. Hier weiden die Fische in felsigen Biotopen die mit Wirbellosen durchsetzten Algenbestände ab. Es ist nicht schwer, die Tiere in entsprechend dimensionierten Aquarien zur Nachzucht zu bringen. Dabei versuchen die Weibchen, ihr Gelege an einer möglichst geschützten Stelle zu plazieren, wobei eine Höhle stets den Vorzug erhält. Die direkte Brutfürsorge übernimmt das Weibchen; der Partner bewacht indessen die Umgebung des Brutplatzes. Man spricht hier von einer ›Elternfamilie‹.

Zu den Arten, die im Süden der hier angesprochenen Region vorkommen, genauer gesagt in den großen Seen in Nicaragua sowie dem Nordosten von Costa Rica (dort vorwiegend in den südlichen Zuflüssen des Rio San Juan), gehört *C. (Amphilophus) rostratum*. Hierbei handelt es sich um eine Art, deren schöne Vertreter nach meinem Verständnis viel zu selten gepflegt werden. Der Artname (›langschnauzig‹) weist auf die Kopfform der Tiere hin. Sie fällt besonders bei erwachsenen Exemplaren auf, die dazu ein ausgeprägt gerades Bauch- und Unterkopfprofil zeigen, wie wir es auch von einigen *Geophagus*-Arten kennen. Das somit tief am Kopf sitzende Maul läßt den ›Erdfresser‹ erkennen. Mit

Neetroplus nematopus
in Balz- und
Brutfärbung –
mit Jungen.

Cichlasoma longimanus:
Jungtiere der Choluteca-
Region in Honduras
(Synonym *C. popenoei*)
sind besonders
farbprächtig.

diesem Begriff bezeichnet man Fische, die bei der Nahrungssuche den weichen Bodengrund mit dem Maul durcharbeiten, wobei der Grund ins Maul genommen, bei der Nahrungssuche durchgekaut und das überschüssige, nicht verwertbare Material über die Kiemenöffnungen wieder ausgeblasen wird. Im Aquarium wachsen die Tiere relativ langsam und erreichen in geräumigen Becken schließlich eine Länge zwischen 20 und 25 cm. Sie können dabei ziemlich hochrückig werden. Männliche Tiere bekommen im Alter einen Stirnhöcker in Beulenform, wie wir ihn ähnlich von *Geophagus steindachneri* kennen.

Cichlasoma (Amphilophus) alfari hat eine etwas weitergedehnte Verbreitung als die vorgenannte Art. Sie reicht etwa vom honduranischen Rio Aguán bis südlich zum System des Rio Chiriquí an der Grenze zwischen Costa Rica und Panamá auf der atlantischen Seite. Ein naher Verwandter von *C. alfari* lebt auf pazifischer Seite im südlichen Costa Rica: *C. diquis* BUSSING, 1974. Diese Art hat jedoch aquaristisch bisher keine Bedeutung erlangt.

Die Benennung von *C. alfari* (MEEK, 1907) wurde zwar zu Ehren des damaligen Direktors des Nationalmuseums in Costa Rica, Dr. A. Alfaro, vorgenommen, doch fehlt im Artnamen die Endung „o", weshalb verschiedene Wissenschaftler den Artnamen fälschlich „*alfaroi*" geschrieben haben.

Dieser ›Mojarra‹ kommt bis in Höhen knapp unter 1 200 m vor. Solche Angaben sind stets auch unter dem Gesichtspunkt der zwangsläufigen Anpassungsfähigkeit der Tiere gegenüber hohen und niedrigen Temperaturwerten zu sehen. Sie können in diesem Fall zwischen 20 und 34 °C liegen (BUSSING, 1987)! Von den bisher angetroffenen farblichen Varietäten konnte sich aquaristisch nur die nördliche (mit vielen roten Tönen) durchsetzen, wogegen eine andere aus Costa Rica, mit grünen und gelben Tönen, blasser bleibt. Entsprechend dieser Anpassungsfähigkeit lassen sich die Tiere auch im Aquarium gut pflegen. Man soll sich jedoch hüten, aus Händlerbecken nur die größten Exemplare herauszusuchen: Es sind fast immer die Männchen, die ein gutes Stück größer werden und auch als Jungtiere bereits schneller wachsen. Sie erreichen eine Endlänge von durchschnittlich 12 bis14 cm; Weibchen wachsen dagegen nicht über 8 bis 10 cm hinaus.

Als typische Bewohner des Teiles von Costa Rica, der zum Atlantik bzw. zum Karibischen Meer hin entwässert wird, gelten noch Vertreter mehrerer Arten, die sich aquaristisch nicht so recht durchsetzen konnten. Es sind *Cichlasoma (Archocentrus) centrarchus* und *C. (Archocentrus) septemfasciatum*, die beide mit einer Endlänge von 15 bzw. 12 cm nicht zu den Riesen gerechnet werden. *C. centrarchus* kann man beim besten Willen nicht als ›farbig‹ bezeichnen: Schwarzgraue und grüne Töne beherrschen den Fischkörper (Foto Seite 43). Die Augen sitzen auffällig tief – ihr unterer Rand reicht bis in die Höhe des Maulwinkels. Der Artname weist auf die stachelige Afterflosse hin. Kommen die Tiere in Laichstimmung, so färben sie sich noch dunkler, beinahe vollkommen schwarz. Sie sind jedoch als Aquarienfische interessant im Verhalten und ausdauernde Pfleglinge.

C. septemfasciatum wurde lange Zeit als eine Variante von *C. spilurus* angesehen und somit als Synonym dieser Art geführt. Dies war auch der Grund dafür, daß in wissenschaftlichen Berichten die Verbreitung von

41

Cichlasoma rostratum stammt aus den südlichen Zuflüssen des Rio San Juan in Costa Rica. Leider sind sie nur selten nachgezüchtet worden und entsprechend rar.

C. spilurus fälschlich über Westhonduras hinaus bis Costa Rica und Panamá angegeben wurde. *C. spilurus* kommt nur bis zum Grenzgebiet zwischen Guatemala und Honduras vor, und der Verbreitungsschwerpunkt dieser Art dürfte im Gebiet um den Izabalsee und den Rio Motagua in Guatemala liegen. Man trifft sie aber auch noch in Belize wie im mexikanischen Bundesstaat Campeche an. Die Verbreitung von *C. septemfasciatum* ist räumlich recht begrenzt und reicht im Norden vom System des Rio San Juan (Grenze Nicaragua/Costa Rica) bis zum Rio Guarumo im Westen von Panamá –

Farbe allein ist nicht alles, aber leider haben bunte Fische aquaristisch einen größeren Freundeskreis: *Cichlasoma centrarchus* aus Costa Rica wird nicht häufig eingeführt.

aber ausschließlich auf der atlantischen Seite! Von den Tieren wurden zwar verschiedene Farbformen einge-führt, gehalten haben sich aber nur die Tiere der präch-tigeren Formen. Hierbei zeigen die Weibchen kräftig irisierende Goldtöne im Zentrum der Rückenflosse wie auch um den dunklen Körperfleck auf der Flanken-mitte. Männliche Tiere, im Jugendstadium noch grau mit rötlichem Anflug, färben sich mit dem Eintreten der geschlechtlichen Reife mehr und mehr rostrot. Die Tiere zur Nachzucht zu bringen ist relativ einfach und gelingt selbst in nicht übersetzten Gesellschaftsaquarien. Das Weibchen wählt für die Eiablage einen möglichst geschützten Platz aus, am liebsten in einer Höhle. Nach dem Schlüpfen werden die Larven in einer von den Eltern gegrabenen Senke untergebracht. Die Ernährung des bald schwimmfähigen Nachwuchses ist leicht mit den im Handel erhältlichen Jungfischfutterarten durchzuführen.

Herotilapia multispinosa wird auch ›Regenbogencichlide‹ genannt. Er wird bis zu 12 cm lang und kann in den verschiedenen Altersstadien ›bunt wie ein Regenbogen‹ werden. Seine Verbreitung reicht auf der atlantischen Abdachung von Ost-Honduras (System des Rio Patuca) über Nicaragua (auch Große Seen) bis nach Costa Rica (System des Rio Matina). Entgegen früher geäußerten (irrigen) Annahmen muß man heute davon ausgehen, daß eine Verbreitung bis nach Panamá hinein nicht gegeben ist (BUSSING, 1987). Die Tiere leben in träge fließenden Regionen größerer Flüsse, wobei auch seichte, trübere Zonen nicht gemieden werden. Dabei können die Wassertemperaturen zwischen 21 und 36 °C (!) liegen. Die Anpassungsfähigkeit an unterschiedliche Temperaturen wie auch Nahrungsarten (im Schlamm versteckte Insektenlarven, Detritus, Fadenalgen) macht die Regenbogencichliden zu ausdauernden Aquarienfischen. Haben die Weibchen eine geschützte Stelle zur Laichabgabe gefunden, so wählen sie gern eine aufrecht oder schräg stehende Substratfläche, an welche sie ihr Gelege kleben. Ist dies nicht möglich, kann es auch eine waagerecht liegende Steinplatte sein. Nach dem Schlüpfen werden die Larven an neuen Substraten angehängt, bis sie sich zu schwimmfähigen Jungfischen entwickelt haben, die sich nun leicht mit handelsüblichem Jungfischfutter ernähren lassen.

Gruppe 5:
Die Isthmische Region
In Costa Ricas Süden und
rund um den Isthmus von Panamá

Zur Isthmischen Region rechnet man das gesamte Gebiet vom äußeren Südwesten Costa Ricas (südlich der Cordillera de Talamanca mit dem System des Rio General) bis an die Grenze nach Kolumbien. Man kann es bereits als tropisch bezeichnen, wie die verschiedenen Lebensformen von Fauna und Flora beweisen. Wer hier immer noch weiter unterteilen möchte, kann das mit ›westlich und östlich des Panamakanals‹ tun.

Beginnen wir also mit den Cichliden, die wir aus dem erstgenannten Gebiet in Costa Rica kennen. In diesem eng begrenzten Gebiet liegt der Lebensraum mehrerer Cichliden, nämlich von *Cichlasoma (Archocentrus) sajica*, *C. (Theraps) sieboldii*, *C. (Amphilophus) lyonsi*, *C. (Amphilophus) altifrons*. Außerdem liegen im äußeren Südosten von Costa Rica die nördlichsten Verbreitungsgebiete von *„Aequidens" coeruleuopunctatus*, den KNER & STEINDACHNER 1863 beschrieben haben.

C. sajica gilt als das pazifische Gegenstück von *C. septemfasciatum*. Die erst 1974 von BUSSING beschriebene Art verdankt ihr nicht leicht verständliches Taxon einer Namenskombination zu Ehren des Direktors der costaricanischen Senatsbibliothek SAlvador JImenez CAnossa. Nur bis zu 12 cm werden die Fische groß (Weibchen bleiben fast ⅓ kleiner!). Sie sind ausgezeichnete Aquarienpfleglinge, deren Geschlechter sich dazu auch noch durch weitere Merkmale optisch gut unter-

Cichlasoma sajica; Paar mit Jungen.

scheiden lassen: Die größeren männlichen Tiere tragen ausgezogene Rücken- und Afterflossen. Der Körper ist bei Tieren beiderlei Geschlechts normalerweise grau-beige. Zwei auffällig dunkle Körperbinden bilden unübersehbar eine T-Form, die eine horizontal vom Kiemendeckelrand zur Körpermitte, die zweite vertikal über der Flankenmitte. Das Muster wird stimmungsbe-dingt mehr oder weniger kräftig gezeigt. Die Kehle ist bei Tieren beiderlei Geschlechts blau. Männchen zeigen zartrote Töne im hinteren Bereich von Rücken-, Schwanz- und Afterflosse. Bei den Weibchen erkennt man einen ähnlichen Rotglanz auf den Flanken; zudem zeigen diese Tiere eine goldene Zone in der Rückenflos-senmitte. Während der Fortpflanzung wirken die Eltern wie rußig überpudert (Foto). Die Tiere sind leicht zu pflegen. Man benötigt dazu ein Aquarium ab 80 cm

Länge, in dem die Tiere auch die nötigen höhlenartigen Verstecke finden. Das Wasser soll weich, muß aber nicht extrem weich sein. 5 bis 10 °dH reichen aus. Die Substratbrüter verstecken ihr meist umfangreiches Gelege in einer Höhle. Nach der Befruchtung betreiben beide Eltern Brutpflege, wenn dabei auch das Weibchen den Hauptteil der Arbeit übernimmt. Temperaturabhängig dauert die Eientwicklung bis zum Schlupf der Larven 2 bis 3 Tage. Sie werden darauf in einer ausgewedelten Grube untergebracht, bis sie sich nach 5 weiteren Tagen so weit entwickelt und ihren Dottersack aufgezehrt haben, daß sie freischwimmen. Jetzt muß die erste Fütterung einsetzen.

C. sieboldii kommt aus ähnlichem Wasser wie die vorher genannten Tiere. Sein normales Farbkleid ist recht unauffällig, und erst die arttypische hell/dunkle Muste-

Cichlasoma sieboldii; Paar bei den Brutvorbereitungen.

rung mit der interessanten Gesichtsmaske während der Brut verhilft den Fischen zu einiger Attraktivität (Foto Seite 47). Ältere Tiere bekommen einen leichten ›Nasenvorsprung‹, der dadurch entsteht, daß der Vorderkopf an dieser Stelle über die Oberlippe hinauswächst. Die Tiere gehören nicht zu den Riesen, und die größeren Männchen wachsen (zumindest im Aquarium) nicht wesentlich über 14 cm hinaus. Weibchen bleiben dagegen stets ein gutes Stück kleiner, sind deshalb bei der Zucht aber nicht weniger temperamentvoll. Setzt man die Tiere in einem Aquarium ab 100 cm Länge zur Zucht an, gilt ihr erstes Bestreben der verständlichen Suche nach einer Höhle. Sind sich die Tiere fremd, will jedes eine gesonderte. Ist keine vorhanden, die für ›passend‹ befunden wird, wird umgehend eine ausgebuddelt. Wollen zwei Tiere sich paaren, wird vor der ausgesuchten Höhle ein Schutzwall errichtet. Die klaren Eier werden meist auf eine aufrecht oder schräg stehende Steinplatte der Höhlenwand gehängt. Nach der Befruchtung fällt die direkte Brutpflege dem Weibchen zu. Bei 27 bis 28 °C schlüpfen die Larven nach rund 2 Tagen; liegt die Wassertemperatur etwas darunter, dauert die Entwicklung entsprechend länger. Die ihrer weiteren Entwicklung zustrebenden Larven werden nun am Boden aufbewahrt und befächelt. Bis zum Aufzehren ihres Dottersackes und dem anschließenden Freischwimmen brauchen die Jungfische noch weitere 6 bis 7 Tage. Sie müssen nun sofort mit Artemia-Nauplien angefüttert werden.

Cichlasoma lyonsi ist erst relativ spät entdeckt, im Jahre 1966 von GOSSE erstbeschrieben und zu Ehren des damaligen Konsuls von Belgien benannt worden. Unter Mithilfe von Peter Siegfried (Costa Rica) konnte ich

Vertreter dieser Art zum ersten Mal im Jahre 1983 einführen. Leider überlebte damals nur ein männliches Tier, so daß zu diesem Zeitpunkt nur ein Foto gemacht, die Tiere aber noch nicht nachgezüchtet werden konnten. Andere Aquarianer waren später erfolgreicher, und ihnen gelang es auch, die Tiere zu vermehren.

Der Lebensraum dieser Art ist auf einen sehr engen Raum im Bereich der vorher erwähnten Flüsse beschränkt. Dabei handelt es sich stets um schnell fließende Gewässer mit sandigem Grund im Tiefland – nicht mehr als 20 m ü. M. Die Tiere erreichen eine Länge bis etwa 16 cm. Nachzuchtjungtiere erreichten bei mir erst ab etwa 10 cm Länge die bekannte Goldfärbung, die bei ausgewachsenen Männchen von roten Tönen überdeckt wird. Die Zucht läuft ähnlich ab, wie in der Folge bei *C. calobrense* angegeben.

Die letzte Etappe von Norden nach Süden durch Mittelamerika beschert uns Aquarianern noch eine Reihe interessanter Cichlidenarten, wobei allerdings (wie bei einigen anderen übrigens auch) die Frage gestellt werden muß, ob man sie als ›bewährte Buntbarsche‹ bezeichnen kann, weil sich doch im Grunde nur wenige Aquarianer an ihnen erfreuen.

Überqueren wir den Panamakanal in Richtung Osten, so treffen wir auf die Vertreter folgender Cichlidenarten: *Cichlasoma (Amphilophus) atromaculatum, C. (Amphilophus) calobrense, C. (Herichthys) panamense* (2 Formen), *C. (Amphilophus) tuyrense, C. (Parapetenia) umbriferum* sowie einer weiteren Spezies aus dem isoliert gelegenen Rio Sambú. Sie ist voraussichtlich ein Mitglied der Gattung *Cichlasoma*, deren 50 bis 60 cm lang werdende Vertreter ich (1984) als die ›Großen Grünen‹ bezeichnete, und die – das möchte ich hier ausdrücklich betonen – nicht mit *C. umbriferum* übereinstimmen können! Der hier ebenfalls vorkommende *Geophagus crassilabris*, derzeit einziger bekannter Maulbrüter unter den Cichliden Mittelamerikas, ist auch der einzige Vertreter seiner Gattung auf der Kontinentalbrücke. Seine Verbreitung reicht von der Kanalzone bis in die grenznahen Zonen nahe der kolumbianischen Grenze. Die Verwandtschaft zum besser bekannten *G. steindachneri* aus Kolumbien sieht man den Tieren sogleich an. Die Vertreter der meisten dieser Arten konnten sich aquaristisch nicht durchsetzen. Als zeitweilige Ausnahme kann man die folgenden anführen.

Cichlasoma calobrense MEEK & HILDEBRAND, 1913, benannt nach dem ersten Fund im Rio Calobre, wird

Cichlasoma lyonsi. Männliches Tier aus dem Süden von Costa Rica.

Cichlasoma panamense. Männchen (in Brutfärbung) bewacht die Zuchtbehausung seiner Partnerin.

Geophagus crassilabris. Männchen des einzigen maulbrütenden Cichliden Mittelamerikas.

auch treffend ›Rotpunktbuntbarsch‹ genannt. Die Tiere erreichen eine Länge von etwa 25 cm, werden aber bereits um 14 cm geschlechtsreif. Zur Zucht wird ein Becken ab 120 cm Länge benötigt, in dem sich ein Paar bald den nötigen Respekt verschafft – besonders Artgenossen gegenüber. Das Gelege dieses Offenbrüters umfaßt – je nach körperlichem Zustand und Größe des Weibchens – 200 bis 400 Eier, die von der Mutter intensiv betreut werden, während dem Vater die Aufgabe zufällt, die Umgebung abzusichern. Nach dem Freischwimmen können die Jungfische sofort lebende Kleinnahrung (Artemia usw.) aufnehmen.

Cichlasoma panamense, von MEEK & HILDEBRAND im Jahre 1913 als *Neetroplus panamensis* beschrieben, ist ein naher Verwandter von *N. nematopus*, doch wurde die Art 1981 von ROGERS nach *Cichlasoma* überführt. Die Tiere sind uns bisher in zwei geographischen Varianten bekanntgeworden: Exemplare von der atlantischen Seite zeigen eine weißliche Grundfärbung mit vielen rötlichen Tönen. Tiere der pazifischen Abdachung, die wir wohl als erste 1983 im System des Rio Sambú (Darién) fingen (MAYLAND, 1984a, 1985), hatten dagegen einen hellolivgrünen Kopf und Rücken und zeigten dazu ebenfalls einen weißlichen Bauch mit roten Tüpfeln. Die Tiere laichen versteckt, wobei die Initiative vom Weibchen ausgeht und eine vorhandene Höhle oft genug durch Grabearbeiten erweitert wird. Die Tiere werden recht unverträglich und bekämpfen auch artfremde Mitbewohner stark. Die Höhe der Zuchtrate betrug bei meinen vermutlich ausgewachsenen Wildfangtieren von 12 cm Länge mehrere Male 70 bis 80 Nachkommen. Ihre Anfütterung nach dem Freischwimmen erfolgte (damals notgedrungen) mit dem Tablettenfutter TabiMin, wie sie auch von den Eltern gern genommen wurden. Diese nahmen jeweils eine Tablette ins Maul, lutschten die feine gepreßte Nahrung ab und spuckten sie in den Jungfischschwarm. Bei späteren Zuchten wurden die üblichen Artemia-Nauplien als Erstnahrung gereicht.

Geophagus crassilabris STEINDACHNER, 1876 kommt nur im östlichen Teil von Panamá, dem Darién, vor. Als Hauptverbreitungsgebiet dürfte man die Systeme des Rio Chucunaque wie des Rio Tuira ansehen. Wasserproben ergaben Härtewerte um 4 °d und einen pH-Wert im schwach basischen Bereich. Für die Haltung und Zucht dieser mindestens 20 cm lang werdenden Fische wird ein größeres Becken ab 120 cm Länge (mehr ist besser!) benötigt. Aggressive Mitbewohner können die Harmonie dieser ruhigen Cichliden stören. Unter den gleichstarken Männchen dieser Art kommt es gelegentlich zu immer wieder einmal ausbrechenden Kämpfen um die Rangfolge. Wie auch die übrigen Vertreter der Gattung *Geophagus* (›Erdfresser‹) schwimmen die Tiere, den Körper leicht abwärts geneigt, über den feinen (!) Bodengrund, tasten ihn mit den dicken Lippen ab, nehmen einen Teil des Bodens auf, kauen ihn durch und befördern Sand und Steinchen durch Maul und Kiemen wieder nach draußen.

Die Weibchen dieses einzigen Maulbrüters Mittelamerikas geben ihre Eier in kleinen Einheiten auf ein steinernes Substrat, um sie gleich darauf – nach der Befruchtung – ins Maul zu nehmen. Mit dieser bescheidenen Arbeit ist für das männliche Tier die Partnerschaft beendet. Es bleibt allein der Mutter vorbehalten, die Nachkommen im Maul zu erbrüten, sie nach gut zwei Wochen zur ersten selbständigen Nahrungsaufnahme zu entlassen, sich auch weiter um sie zu kümmern und sie bei Gefahr wieder zurück ins Maul zu nehmen. Die erste Nahrung der Jungen kann aus Artemia-Nauplien, Staubfutter-Tabletten (TabiMin) oder Tiefkühlfutter (Cyclops, Bosmien) bestehen. Alles wird gern genommen.

Geliebte Räuber . . .
Oft mit handzahmem Charme!

Einiges über bekannte Pfleglinge der *Cichlasoma*-Sektion *Parapetenia (Nandopsis)* oder der südamerikanischen Gattung *Caquetaia*

Der Nahrungserwerb der meisten Cichliden, die wir gemeinhin als ›Räuber‹ bezeichnen, besteht darin, daß sie in ihrem natürlichen Biotop Fische fressen. Diese Ernährungsweise ist ihnen angeboren. Jäger wie diesen wird meist mehr Intelligenz nachgesagt als jenen, die tote Nahrung schlicht am Boden suchen oder die Insekten und andere Nahrungstiere erbeuten. Die Jagd nach lebenden kleineren Mitbewohnern des Biotops setzt bei den meisten Jägern ein hohes Maß an Geschicklichkeit voraus. So müssen einige zum Beispiel der erkorenen Beute über längere Strecken nachjagen, wie wir das von den südamerikanischen und durch Menschenhand im Raum des Panamakanals angesiedelten Fischen der Gattung *Cichla* kennen. Solch schnelle Jäger weiter, offener Wasserflächen haben einen gestreckten, spin-

delförmigen Körper – die perfekte Stromlinienform –
und sind zusätzlich mit einer großen Schwanzflosse für
starken Antrieb ausgestattet. Die Haltung dieser Fische
ist in Heimaquarien meist problematisch, weil sie besonders große Becken voraussetzt.

Fische, die in relativ engen und windungsreichen
Gewässern der Uferzonen auf Beute ausgehen, brauchen noch mehr das besondere Geschick des Jägers.
Ihnen muß ein plötzlicher Vorstoß aus geringer Entfer-
nung genügen. Dazu sind sie, neben dem muskulösen
Körper und den mittelgroßen Flossen, vor allem mit
einem tief gespaltenen und mit Fangzähnen (›Canini‹)
besetzten Maul ausgestattet, dessen vorderer Teil dazu
meist noch weit vorgestülpt werden kann.

Wenn in einem Heimaquarium mit reichlicher Dimen-
sion Raubfische gepflegt werden, so sind es solche aus
dem Kreis der *Cichlasoma*-Verwandten, vor allem der
Arten *C. bartoni, C. beani, C. dovii, C. friedrichsthalii,
C. grammodes, C. haitiense, C. istlanum, C. managuense, C. motaguense, C. labridens, C. octofasciatum,
C. salvini, C. tetracanthus, C. trimaculatum, C. umbriferum, C. urophthalmus* und vielleicht auch *C. vom-
bergae*. Dazu kommen die Arten der erst kürzlich wieder eingerichteten Gattung *Caquetaia*.

Die Vertreter der hier genannten *Parapetenia*-Arten
unterscheiden sich durch Körperform und andere Merkmale. Sie alle werden vorerst (und bis zu einer klären-
den Revision der Gattung *Cichlasoma*) in dieser Gattung geführt und stammen aus dem mittelamerikanischen bzw. karibischen Raum. Dazu gesellt sich aus
diesem Gebiet noch *Petenia splendida*, eine Art, auf
deren Vertreter die meisten der vorher angeführten
›Jagdeinrichtungen der Natur‹ zutreffen. Aus Südame-

rika könnte man die Liste um weitere Arten, wie *Cichlasoma festae, Caquetaia myersi, C. spectabilis* und *C. kraussi, Acaronia nassa, Astronotus ocellatus*, nicht zu vergessen die in Mittelamerika nicht vorkommenden Hechtcichliden der Gattung *Crenicichla* erweitern.

Räuberisch lebende Fische wie diese sind meist gute Pfleglinge in unseren Aquarien – vorausgesetzt, diese haben die ›passende‹ Größe, die bereits für Jungtiere nicht unter 120 cm Länge liegen sollte. Ein Mehr an Volumen ist nicht nur vorteilhafter, sondern für erwachsene Tiere zwingend! Immerhin können die (meist größeren) Männchen verschiedener Arten über 30 cm lang werden. Um gegen die gelegentlich aufkommenden Pänkeleien der kräftigen Tiere gewappnet zu sein, sollte man die Glasstärke stets eine Einheit dicker wählen, als es nach der normalen Berechnung nötig wäre. Es versteht sich, daß man solche starken Fische nur zusammen mit ebenbürtigen Vertretern anderer Cichlidenarten pflegen kann. Schwächere und somit unterlegene Tiere werden als Opfer angesehen, auch wenn sie zu groß sind, um verspeist zu werden. Dies trifft um so mehr zu, je enger der Raum im Aquarium ist. Ausnahmen bestätigen aber auch hier die Regel! Die Ernährung so groß werdender Fische mag manchen Aquarianer zurückhalten, doch gehören Räuber meist zu den unproblematischen Fressern. Sie wollen jedoch als Halbwüchsige und erst recht als Erwachsene weder Flockenfutter noch Mückenlarven oder Ähnliches. Sie brauchen Brockennahrung, passend zur Größe ihres Maules – bei Tieren ab 12 bis 14 cm Länge etwa so grob wie ein Fingernagel. Beliebt ist Futter von Wassertieren, Krebs- oder Fischfleisch, das man tiefgekühlt kaufen und aufbewahren kann. Manche Fische nehmen nach Gewöhnung auch gern größere Garnelen aus dem Meer. Dieses Futter hat den Vorteil, daß die darin enthaltenen Farbstoffe die Rottöne verstärken.

Die Einrichtung eines Aquariums für so groß werdende Fische soll spartanisch sein: Grober Bodengrund, große, stabile Steine, die mit einer breiten Seite flach auf der Bodenscheibe (nicht auf dem Kies!) aufliegen und so nicht verrutschen können. Auch bei diesen starken Tieren empfiehlt es sich, eine grobe Höhle von nicht zu geringer Tiefe anzubieten, damit das Weibchen notfalls darin Schutz suchen kann, wenn der Partner zu stark treibt. Viele Weibchen werden später die Höhle auch als Aufzuchtort für ihre Nachkommen wählen. Der Eintrag von Pflanzen ist nicht nur überflüssig, sondern auch zwecklos – sie werden früher oder später doch ausgewühlt, nämlich spätestens dann, wenn die Zuchttiere die ›ihnen passend erscheinenden‹ Gestaltungsänderungen vornehmen.

Die meisten dieser Cichliden stellen keine besonderen Ansprüche an die Wasserqualität, solange diese sich in mittleren Normen bewegt. Sie sind höheren Temperaturen (36 bis 37 °C) gegenüber weniger empfindlich als viele Nichträuber (BUSSING, 1987), so daß sie auch während der Zucht leicht Temperaturen von 28 bis 30 °C vertragen. Die Probleme, die sich zuweilen bei der Paarbildung der Tiere einstellen (nicht laichbereites Weibchen; aggressives, weil balzwilliges Männchen), gehören zu den Dingen, die selbst dem nur beobachtenden Aquarianer sehr zusetzen. Durch die kräftige Bezahnung der Räuber kann es nicht nur bei den üblichen Körperkontakten, sondern auch beim Maulzerren zu blutenden Wunden kommen. Weibchen, die laichreif sind und nur einen ›müden‹ Partner haben, machen diesen durch plötzliches An- oder Parallelschwimmen auf sich aufmerksam und zeigen dazu ihre schönste Färbung. Irgendwann wird dann auch der behäbigste Mann munter und erwidert die Signale der Partnerin. Gelaicht wird schließlich auf einer flachen Steinplatte, die möglichst versteckt liegt. Die Eizahl hängt von der Größe und dem gesundheitlichen Zustand des Weibchens ab, aber mit einem Gelege ab 400 bis 500 Eiern darf man auch bei kleineren Tieren rechnen. Ob sich alle gleich gut entwickeln, hängt von der Qualität der Befruchtung durch das Männchen ab. Nach rund 2 bis 3 Tagen (temperaturabhängig) sind die Larven soweit entwickelt, daß sie die Eihüllen sprengen und von der Mutter umgebettet werden. Der Mutter obliegt auch die

Cichlasoma haitiense (links) von der gleichnamigen Karibikinsel entwickelt sich ebenso zu einem Räuber wie *C. tetracanthus* (oben) aus Kuba.

weitere Pflege, während der stärkere Partner das Revier im weiteren Umkreis bewacht. Nach weiteren 5 bis 6 Tagen haben sich die Larven zu Jungfischen weiterentwickelt und dabei ihren Dottervorrat soweit aufgezehrt, daß sie jetzt freischwimmen und selbst auf Nahrungssuche gehen. Der Schutz der Eltern ist ihnen auch weiterhin sicher. Die Kleinen nehmen anfangs feines Lebend- und Trockenfutter, brauchen aber bald darauf bereits kräftigere Nahrung.

Teil II:
Weitläufige
Lebensräume Südamerikas

„Wie weit reicht Amazonien?"
Das große Becken mit seinen
oft riesigen Zuflüssen

Gemessen an der Weite des südamerikanischen Subkontinents sind den Lebensräumen im vorher angesprochenen Mittelamerika engere Grenzen gezogen. Dennoch: Die Artenvielfalt der Cichliden in den Süßgewäs-
sern auf der Kontinentbrücke ist beeindruckend – auch
wenn es sich fast ausschließlich um Verwandte der
Sammelgattung *Cichlasoma* handelt.
Die Buntbarschbiotope Südamerikas kann man – ähnlich denen in Mittelamerika – in bestimmte Regionen
unterteilen. Betrachtet man eine Karte mit den physika-
lischen Gegebenheiten, so fällt besonders das riesige
Tieflandgebiet auf, durch das der Amazonas die zentralen Teile des Subkontinents entwässert. Kleinere Tief-
landzonen im Süden des Subkontinents leiten ihr Wasser über die Flußsysteme des Rio Paraná/Rio Paraguay
im Süden sowie des Rio Orinoco im Norden ab.
Wenn man vom Amazonas und seinen oft riesigen
Nebenflüssen spricht, wird meist auch der Begriff
›Amazonien‹ in die Debatte gebracht. FITTKAU (1974)
stellte in seiner Besprechung der ökologischen Gliederung Amazoniens fest, daß dazu das Gebiet im System
aller Flüsse zu rechnen ist, die man zum System des

Amazonas rechnet, weil sie über diesen großen Fluß entwässern. Der Autor schließt allerdings dazu noch einige Zonen im Nordosten des brasilianischen Staates Maranhão ein, obgleich deren Flüsse ihr Wasser direkt in den Atlantik schicken. GÉRY (1969) geht noch weiter, wenn er sich allein auf die Abgrenzung der Fauna Amazoniens bezieht. So hält es dieser Autor für durchaus sinnvoll, aufgrund der Verbreitungsmuster von Fischen die Guayana-Gebiete zoogeographisch ebenfalls zu Amazonien zu stellen. Wiederentdeckungen und Funde bisher aquaristisch wenig oder gar nicht bekannter Cichlidenarten aus den Tieflandregionen der Guayana-Länder mitsamt dem (venezuelanischen) Gebiet um die Orinoco-Mündung machen Mut, die Richtigkeit dieser Auffassung anzuerkennen. Derselbe Autor (GÉRY, 1984) war es auch, der den Versuch unternahm, eine Unterteilung Amazoniens in 5 geographische Regionen aufzustellen, wobei ausdrücklich erwähnt wird, daß hier die Grenzen fließend und oft überlappend gesehen werden müssen:

1. Unterer Amazonas
2. Zentraler Amazonas
3. Oberer Amazonas
4. Nördliche Region
5. Südliche Region

Während in Mittelamerikas Cichlidenwelt mittelgroße und große Arten den Durchschnitt bestimmen, findet man in Südamerika viele Zwergbuntbarsche, eine Gruppe, deren Mitglieder in Mittelamerika fehlen. Im Verlauf der vergangenen Jahrzehnte konnte festgestellt werden, daß nicht allein die Kleinsten unter den Cichliden, sondern auch viele Spezies, die der Sammelgattung *Aequidens* wie auch den Gattungen *Biotoecus, Nanna-*

cara, Microgeophagus oder *Crenicara* (mit *Dicrossus)* nahestehen, für die Aquaristik wiederentdeckt oder als bisher gänzlich unbekannte Arten für die Wissenschaft neuentdeckt wurden. Wer glaubt, die Entdeckungen bisher unbekannter Spezies in Südamerika wäre abgeschlossen, der irrt gewaltig. In den weißtrüben, schwarztransparenten, grünlichklaren oder gemischten Gewässern verbergen sich noch viele bisher unbekannte Fische. Ihre Eingruppierung wie auch die Umgruppierung bekannter Arten in neue Gattungen ist in vollem Gange, wie zum Beispiel die Arbeiten von KULLANDER beweisen. Allerdings sollten sich die Wissenschaftler bei der Namensfindung für neue Arten im Sinne der Aquaristik bemühen, keine allzu großen Zungenbrecher zu produzieren, wie das etwa bei der neuen Gattung und Art *Tahuantinsuyoa macantzatza* geschehen ist. Oder können Sie diesen Namen flüssig lesen?

Das große Becken, durch das der riesige Amazonas oder Solimões (wie er im brasilianischen Mittellauf bis zur Einmündung des Rio Negro heißt) fließt, ist die wohl (fisch-)artenreichste Großregion unserer Erde mit einer ebenso hohen (Fisch-)Produktionsrate. Die Nahrung aller menschlichen Bewohner in diesem Gebiet besteht zum überwiegenden Teil aus dem eiweißreichen Angebot aus Flüssen und Seen. Trotzdem kann nicht davon die Rede sein, daß die Populationen der Fische über Gebühr strapaziert würden – solange hier keine giftspeiende Industrie angesiedelt wird. Das Regenklima, bedingt durch den umgebenden Urwald, spielt eine entscheidende Rolle für das Leben im Wasser und seine ständige Wiedergeburt. So erreicht die Regenmenge im Nordwesten Amazoniens bis über 3 600 Millimeter im Jahr, wobei hier die Unterschiede zwischen regenreicher und regenarmer Jahreszeit nur gering sind. Regen kann sich in Amazonien nicht nur in andauerndem Nieselregen zeigen, wie wir ihn in Europa kennen, das Wasser stürzt oft in einstündigen Ergüssen wolkenbruchartig vom Himmel, verursacht aber nur dort Bodenerosionen, wo die Bäume gefällt sind und die dünne Humusschicht fortgespült werden kann. Für die Vegetation des tropischen Regenwaldes ist ein solches Gebiet verloren.

Die Gliederung der Amazonasgewässer in die drei Typen Weiß-, Schwarz- und Klarwasser ist für viele Fischarten, die darin vorkommen, von einiger Bedeutung. Cichliden erweisen sich aber auch hier wieder als sehr anpassungsfähig. So trifft man zum Beispiel den Skalar *Pterophyllum scalare*, den Pfauenaugenbuntbarsch *Astronotus ocellatus* und selbst den Diskusfisch *Symphysodon aequifasciatus* in weiten Gebieten Zentralamazoniens an. Zu den verbreitetsten Cichliden Südamerikas rechne ich die sich ähnelnden Flaggenbuntbarsche *Mesonauta festivus* und seinen Verwandten *M. insignis*, die sich optisch nur schwer unterscheiden lassen und einem bei Fangaktionen oder als Nahrungsfische auf Märkten in vielen Regionen immer wieder begegnen.

Da ich auf die Vertreter der *Aequidens*- und *Geophagus*-Verwandten wie auch auf die Zwergcichliden im Verlauf dieses Buches noch an anderer Stelle eingehe und über die Diskusfische ein gesonderter Band in dieser Reihe (›Diskusfibel‹) existiert, soll es hier einige Anmerkungen zu Arten geben, die aus diesem vorgegebenen Rahmen herausfallen.

Pterophyllum scalare, Skalar oder Segelflosser genannt, gehört zu den Fischen, die aus unserer Aquaristik nicht mehr wegzudenken sind. Ihre Nachzucht ist recht einfach, denn die meist im Handel befindlichen Nachzuchttiere haben sich an aquaristische Verhältnisse gewöhnt und sind daher nicht so anfällig den Wasserverhältnissen und Krankheiten gegenüber wie Wildfangtiere. In langjährigen Versuchen waren die Züchter erfolgreich, und es gelang ihnen, viele Farb-, Musterungs- und Flossenformen in den Handel zu bringen (vergleiche auch letztes Kapitel).

Skalare lieben im Aquarium dichte Pflanzenbestände – besonders von breitblättrigen Amazonas-Schwertpflanzen. Das heißt nicht, daß das Aquarium mit Pflanzen zugewuchert sein soll! Blätter dieser Pflanzen sind es auch, die von den Zuchtpaaren gern als Laichsubstrat ausgewählt werden. Nur Jungtiere kann man in kleineren, nicht so hohen Becken halten. Für ausgewachsene Tiere braucht man ein Aquarium entsprechender Höhe, also mindestens 50 cm. Die Wassertemperatur soll um 24 °C liegen – zur Zucht wird sie in zwei Schüben um 4 bis 6 °C angehoben. Ernährt werden sollen die Fische mit fleischlicher Kost: lebende oder tiefgefrorene Mückenlarven oder Wasserflöhe. Auch wenn Skalare Trockenfutter nehmen, soll man mindestens einmal in der Woche dieses nahrhafte Zusatzfutter reichen. Skalare nehmen die Nahrung mit einem ›Saugschnappen‹ auf, das heißt, mit dem Schnappen wird das Maul plötzlich vorgestülpt. Die dadurch entstehende Saugwirkung zieht die anvisierte Nahrung ins Maul. Sind Lebendgebärende Zahnkarpfen (Helleris, Platys, Guppys usw.) im Becken: Skalare fressen auch die soeben geborenen oder die mehrere Tage alten Nachkommen dieser Fische! Andererseits soll man Skalare nicht zusammen mit Sumatrabarben und deren Verwandten halten, weil die Barben gern an den lang ausgezogenen Segelflossen und den meist steil nach unten gerichteten Bauchflossen knabbern, was die Skalare sehr streßt.

Wer züchten will, muß die Fische genau beobachten. Segelflosser sind monogam. Sie leben in ihrem natürlichen Biotop während einer ganzen Fortpflanzungsperiode zusammen, im Aquarium kann daraus ein ganzes Leben von vielen Jahren werden. Tiere, die sich zu einem Paar gefunden haben, stehen öfter beieinander und halten auch bei Auseinandersetzungen zusammen. Erst wenn die Vermehrungsbereitschaft bei den Partnern gegeben ist, einige Tage vor dem Ablaichen des Weibchens, kann man die Geschlechter an der hervortretenden Genitalpapille ›ablesen‹: Sie ist bei weiblichen Tieren rund und bei männlichen spitz. Meist sind die Bauchprofile der Weibchen dann auch gerundeter. Bei einsetzender Brutstimmung erfolgt das Putzen des Substrats, bei dem es immer wieder zu Rüttelbewegungen kommt. Nachdem das erwählte Substrat (meist ein Pflanzenblatt; es kann aber auch die Aquarienscheibe oder das Glasrohr des Stabheizers sein!) für die Eiablage sorgfältig gereinigt ist, gibt das Weibchen die Laichkörner in Schüben ab, wobei die Bauchflossen gut erkennbar seitlich am Körper hochgerichtet sind (Signalwirkung). Nach jedem Eischub wird dieser Teil des Geleges sogleich vom Männchen befruchtet. Die Brutpflege des vollständigen Geleges wird abwechselnd oder auch gleichzeitig von beiden Elterntieren durchgeführt. Bei 26 bis 28 °C schlüpfen die Larven nach rund 2 Tagen. Ein Anheben der Wasserwärme um 2 °C beschleunigt in der Regel den Schlupf um etwa 6 Stunden. Wenn die Larven die Eihüllen verlassen, sind die Eltern behilflich und kauen einen Teil der Nachkom-

65

men aus ihrer ersten Entwicklungshülle. Mit Hilfe eines haftenden Sekrets, das aus Drüsen am Kopf ausgeschieden wird, bleiben die Larven am Substrat hängen. Wenn für die Nachkommen die zweite Nacht nach dem Schlüpfen naht, beginnen die Eltern damit, für sie ein neues Quartier ausfindig zu machen und sie umzubetten. Meist dient ihnen als neues Substrat ein ähnliches Blatt. Sind nach dem Ablaichen sieben Tage vergangen, haben die Eltern die Larven noch mehrere Male umgebettet. Der Dottersack ist jetzt aufgezehrt und die Entwicklung zum Jungfisch soweit vollzogen, daß die Kleinen freischwimmen, einen Schwarm bilden und einem langsam voranschwimmenden Elterntier folgen. Auch beim Ausführen in den ersten Tagen lösen sich beide Eltern in bestimmtem Rhythmus ab. Die Jungen machen einen noch nicht selbständigen Eindruck, wie verschiedene andere Jungcichliden. Sie werden wohl deshalb auch noch von den Eltern aufmerksamer behütet und während der ersten Nächte auf ein Substrat befördert, falls sie dorthin nicht schon von allein schwimmen. Als erste Nahrung nach dem Freischwimmen ist feines Lebendfutter (frisch geschlüpfte Artemia-Nauplien, Bosmien, gesiebte Cyclopslarven) zu empfehlen. Die Jungen sind oft noch wählerischer als ältere Tiere und nehmen dann Staub-(Trocken-)futter nicht an.

Heros severus ist mit dem deutschen Namen ›Augenfleckbuntbarsch‹ belegt. Man trifft ihn in vielen Regionen Amazoniens an, in denen das Wasser – von ostandinen Ausnahmen abgesehen – immer recht weich und leicht sauer ist. Die Färbung der Tiere kann, entsprechend ihrer weitgestreuten Verbreitung, variabel sein; dazu kommt eine stimmungsbedingte ›Aktiv-‹ oder

›Ruhefärbung‹, wobei die Tönung einmal heller und einmal dunkler sein kann. Sehr schöne blaugrün- oder blaugrundige Tiere kommen – zusammen mit Diskusfischen – aus den Mischwasserbiotopen, wo sie sich nach Diskusart zwischen Geäst aufhalten. Wie bei Diskusfischen bilden auch bei ihnen die blutroten, funkelnden Augen zu dieser Färbung einen guten Kontrast. Auch im Aquarium erreichen die Fische eine Länge von 20 cm – zuweilen auch etwas mehr. Um ›gut zu stehen‹ brauchen die hochrückigen Cichliden ein ihrer Größe entsprechendes geräumiges Becken. Für halbwüchsige Tiere, die an Größe noch zunehmen, sollte eine Länge von 100 cm die unterste Grenze sein.

Größere Tiere, die man nicht mehr mit feinem Futter ernähren kann, brauchen entsprechend grobere Brokken, wie sie in Form von Regen- und Mehlwürmern, Fisch- und Warmblüterherzfleisch angeboten werden können. Sind kleine Fische im Aquarium, so kann auch *Heros severus*, wie die meisten großen Cichliden, nicht widerstehen – wie auch in seinem natürlichen Lebensraum: Er frißt sie. Wichtig zu wissen ist, daß sich die Fische gern auch vegetarischer Kost bedienen – darunter können leider zuweilen auch Aquarienpflanzen sein! Ein- oder zweimal in der Woche sollte den Tieren deshalb eine entsprechende Salat/Spinat/Haferflocken-Zusatzkost angeboten werden. Viele Tiere schlagen sich auch gelegentlich einmal den Bauch mit dem Inneren eines aufgeschnittenen Salatgurkenstückes voll.

Augenfleckbuntbarsche sind außerhalb der Laichzeit relativ friedlich. Zu gelegentlichen Maulkämpfen kommt es, wenn es darum geht, territoriale Ansprüche oder solche der Rangordnung auszutragen oder zu erneuern. Bei jüngeren Tieren gehören solche ›Spiele‹

zum natürlichen Lernprozeß. Erkennt man bei einem Paar jedoch Balz und Vorbereitungen zur Fortpflanzung, wobei die Beckeneinrichtung meist ›umgebaut‹ wird, so ist es Zeit, sich um das Wohl der Mitbewohner Gedanken zu machen. Jetzt erweist es sich als vorteilhaft, wenn die Aquarieneinrichtung ein oder zwei geräumige, solide Steinhöhlen aufweist, in die sich ein unterlegenes Tier zurückziehen kann. Klar erkennbare äußere Geschlechtsmerkmale lassen sich nicht ausmachen, so daß man versuchen muß, die Geschlechter am Verhalten zu erkennen. Die Weibchen dieser Offenbrüter geben ein Gelege von tausend und mehr relativ kleinen Eiern ab, aus denen bei 26 bis 27 °C nach knapp drei Tagen die Larven schlüpfen. Darauf werden sie während der weiteren Entwicklung bis zum Freischwimmen mehrmals in ausgewedelte Gruben umgebettet. Die bald freischwimmenden Jungfische haben nun großen Appetit, können jedoch in den ersten 5 bis 8 Tagen, in denen sie selber Nahrung suchen, nur sehr feines Futter nehmen.

Randzonen Amazoniens:
Die Guayana-Länder

Wie bereits im vorausgegangenen Kapitel erwähnt, zählen viele Wissenschaftler, darunter der anerkannte Ichthyologe Dr. Jacques GÉRY, auch die Guayana-Länder zoogeographisch noch zu Amazonien. Allerdings sind diese Länder zum großen Teil durch den Guayana-Schild, einem mittelhohen Gebirgszug, vom südlich und in Brasilien gelegenen zentralen Teil Amazoniens getrennt. Dieses Gebirge (Serra Acaraí oder S. Acari und S. Tumucumaque) bildet hier die Wasserscheide zwischen den Zuflüssen des Rio Amazonas einerseits und denen zum Atlantik andererseits. Lediglich im Osten des Subkontinents flacht dieses Gebirge etwas ab. So kommt es denn auch, daß zuweilen Vertreter von Arten, die der Guayana-Fischregionen zugerechnet werden, bis in den brasilianischen Staat Amapá, nördlich der Amazonas-Mündung in den Atlantik, und zuweilen noch über das Mündungsdelta hinaus nach Süden angetroffen werden.

Die bekannte Fischwelt der drei Länder Guyana (vor 1966 ›British Guiana‹), Surinam (landessprachlich ›Suriname‹; vor 1975 ›Niederländisch-Guayana‹) und ›Französisch-Guayana‹ (Guyane Française, heute ein französisches Département) wurde bereits seit Mitte des vergangenen Jahrhunderts und zu Beginn dieses Jahrhunderts von Wissenschaftlern bzw. deren Helfern eingehend untersucht. Viele der dort heimischen Fische sind seit langem als Aquarienbewohner eingeführt. Wer kennt sie nicht: Arten wie den Sattelfleckbuntbarsch *Guianacara geayi* (früher *Acarichthys geayi* – oder was wir unter diesem Namen gepflegt haben!), das Reusenmaul *Acaronia nassa*, den Delphinbuntbarsch *Krobia* (früher *Aequidens*) *itanyi*, den Maroni-Buntbarsch *Cleithracara* (früher *Aequidens*) *maronii*, den Grünglanzbuntbarsch *Aequidens tetramerus*, Ortmanns Zwergbuntbarsch *Apistogramma ortmanni*, Steindachners Zwergbuntbarsch *A. steindachneri*, den Vierbandcichliden *Chaetobranchus flavescens*, den Zweifleckbuntbarsch *Cichlasoma bimaculatum*, den Surinamperlfisch *Geophagus surinamensis*, den Augenfleckbunt-

barsch *Heros severus*, die kleinen attraktiven Buntbarsche der Art *Nannacara anomala* oder den maulbrütenden ›Teufelsbuntbarsch‹ *Satanoperca leucosticta*, den
›Erdfresser‹ mit dem getüpfelten Kopf?
Dazu kommt eine Reihe von Neuentdeckungen und
-beschreibungen der letzten Jahre und Jahrzehnte. Zu
ihnen gehören *Geophagus harreri* GOSSE, 1975; *Apistogramma gossei* KULLANDER, 1982; *Nannacara aureocephalus* ALLGAYER, 1983; *Guianacara oelemariensis*,
G. owroewefi und *G. sphenozona*, alle dem vorher
erwähnten *G. geayi* ähnlich; *Geophagus brachybranchus* und *G. brokopondo* (beide *G. surinamensis* ähnlich); und *Aequidens paloemeuensis*. Die letzten sechs
Arten wurden alle in KULLANDERs Arbeit von 1989
erstbeschrieben.

Krobia itanyi, ein etwa 12 cm langes Männchen aus dem System des
Marowijne-Flusses in Surinam.

Zuchtpaar von *Cleithracara maronii* aus dem System des Maroni-Flusses.

Guianacara geayi (oder welche Vertreter der nun vier ähnlichen Arten wir früher auch unter diesem Namen gepflegt haben) kommt in den Guayana-Ländern und im angrenzenden Venezuela vor. In PELLEGRINs Erstbeschreibung (1902) wird der Camopi-Fluß in Französisch-Guayana als Terra typica (= typisches Vorkommensgebiet) angegeben. Die neue Gattung *Guianacara*

71

dürfte für diese am frühesten beschriebene Art nun wohl die endgültige sein, auch wenn sie nicht als Gattungstyp eingesetzt wurde (das ist *G. owroewefi*). *G. geayi*, auf den KULLANDER in seiner 89er Revision leider nicht näher einging, hat nach der Erstbeschreibung keine steil abfallende Stirn, und der Sattelfleck reicht bei diesen Tieren vom Rückenfirst bis an die Bauchunterseite. Der schwarze Kopfstrich verbindet über der Stirn zwar beide Augen, endet aber bereits wenige Millimeter unter jedem Auge.

Die Fische können eine Länge von 10 bis 12 cm erreichen, in Ausnahmen sogar bis 15 cm lang und dabei, in großen Aquarien, sehr kompakt werden. Weibliche Tiere bleiben stets etwas kleiner. Wer die Kopfpartie und besonders das kleine Maul anschaut, wird an mittelamerikanische Tiere der Gattung *Neetroplus* oder an die Grundelbuntbarsche aus dem Tanganjikasee erinnert. Tatsächlich gehören, wie die vorgenannten, auch die Sattelfleckcichliden zu den Höhlenbrütern, legen ihr Gelege also nicht offen an. Aus SCHMETTKAMPs Zuchtbeschreibung (1979) entnehmen wir, daß eine vom Pfleger angelegte Steinhöhle solide auf der Bodenplatte aufsitzen muß, weil die Fische gern so stark ›baggern‹, daß auf dem Bodengrund aufliegende Steine ins Rutschen gebracht werden. Der Autor führt an: „An einer senkrechten Höhlenwand wird das Gelege abgesetzt und besamt. Es besteht je nach Größe der Elterntiere aus 100 bis 400 dunklen, fast schwarzen Eiern. Bei einer Wassertemperatur von 25 °C schlüpfen die Larven nach drei Tagen. Für weitere acht bis neun Tage wird der Pulk am Höhlengrund zusammengehalten. Bei diesem Paar beobachtete ich fünf weitere Bruten, es nahm immer dieselbe Höhle an und bettete die Larven nie um. Nach dem Ablaichen verwehrt das Weibchen seinem Partner die Höhle. Bei jedem Eindringversuch wird das Männchen energisch abgedrängt. Indes darf sich der Vater auch nicht zu weit von der Brutstätte entfernen: Sofort kommt das Weibchen aus der Höhle hervorgeschossen und holt das Männchen – quasi an der Schwanzflosse ziehend – zurück. So erinnert sie es an seine Pflicht, die Verteidigung des Außenreviers." Da fallen doch sicher einigen Lesern menschliche Vergleiche ein! Als Resümee folgert der Autor: Der höhlenbrütende *G. geayi* „gleicht in seiner Familienstruktur nicht der Elternfamilie der *Aequidens*-Arten, seien es Offenbrüter oder Maulpfleger." Dem wurde inzwischen mit der Überführung in die neu geschaffene Gattung *Guianacara* wie auch der Angliederung von drei neu beschriebenen Arten Rechnung getragen.

In den kommenden Jahren ist damit zu rechnen, daß – bedingt durch aquaristische Initiative – die meisten dieser neuerlich beschriebenen Arten auch in unsere Aquarien gelangen.

Kolumbien und Venezuela

Beide Länder sind im äußeren Norden und Nordwesten des südamerikanischen Subkontinents gelegen. Auf ihren Territorien befinden sich die Lebensräume vieler interessanter und aktueller Aquarienfische. Zu den begehrtesten, die aus dem Nordwesten Venezuelas kommen, gehört zweifellos der Schmetterlings-Zwergbuntbarsch *Microgeophagus* (früher *Papiliochromis*) *ramirezi*, von den US-Aquarianern kurz ›Ram‹

73

Handelt es sich bei diesem Tier um ein Exemplar der neubeschriebenen Art *Guianacara oelemariensis*?

genannt. Zwei weitere ältere Bekannte kommen mit *„Aequidens" pulcher* und *„A". metae* in Biotopen beider Länder vor. Bei Reisen in den Oriente, den tropischen Osten Kolumbiens, trafen wir an der Grenze zu Venezuela, die streckenweise vom großen Rio Orinoco gebildet wird, neben dem sehr hoch gebauten Hohen Skalar *Pterophyllum altum* in Flachwasserregionen der großen Flußzuläufe viele Jungtiere vom Papageienbuntbarsch *Hoplarchus psittacus* an. Die bis etwa 30 cm lang werdenden Tiere dieser Art verlegen nach der geschlechtlichen Reife ihren Lebensraum in die Flußläufe und kommen beispielsweise auch im Rio Negro vor (vergleiche auch letztes Kapitel).

Ein Maulbrüter aus dem System des Rio Magdalena im Nordwesten Kolumbiens, der sich als Aquarienfisch ausgezeichnet bewährt hat, ist der etwa 14 cm lang werdende *Geophagus steindachneri* (Synonym *G. hondae*), dessen männliche Tiere sich dadurch hervorheben, daß sie über der schräg abfallenden Stirn einen kräftigroten Buckel tragen. Dieser Buckel ist nicht nur ein rein geschlechtliches Merkmal: Sein Umfang weist in einem Becken, in dem mehrere Männchen leben, darauf hin, welchen Status das Tier in der Rangfolge der hier versammelten Geschlechtsgenossen hat. Die anpassungsfähigen Fische werden bereits mit 6 bis 8 cm Länge geschlechtsreif, und wer viel Nachwuchs wünscht, der sollte zu einem Männchen etwa drei gleich große Weibchen gesellen. Den ›Rest‹ kann man getrost den Tieren überlassen, denn ihre Zucht und Aufzucht in einem Aquarium von 100 bis 120 cm Länge ist in den meisten Fällen problemlos, weil die Jungfische auch nach dem Freischwimmen bereits vielerlei Kleinfutter zu sich nehmen.

Das westliche Tiefland Kolumbiens, die Provinz Choco, erreicht man von der Stadt Medellin aus am besten. Die aber ist normalerweise kein Gebiet, das bisher Aquarianer und andere Zierfischinteressenten angezogen hat. Deshalb ist ihnen sicher auch die Existenz einer hier vorkommenden mittelgroßen Cichlidenart bis heute verborgen geblieben: „*Aequidens*" *biseriatus*, von REGAN bereits 1913 erstbeschrieben (Titelfoto). Die meist ruhigen Fische sind mit einer Länge zwischen 12 und 14 cm ausgewachsen, doch werden sie bereits mit etwa 8 cm geschlechtsreif. Viel aquaristische Erfahrung konnte bisher mit diesen Vertretern der von KULLANDER zur ›*Aequidens*-pulcher-Gruppe‹ gerechneten Art noch nicht gemacht werden. Die Tiere sind jedoch im Aquarium bereits zur Nachzucht gebracht worden.

Aus dem östlichen Tiefland Kolumbiens, an welches sich das von Venezuela jenseits des Orinoco anschließt, sind in den letzten Jahrzehnten vor allem verschiedene kleinere Cichlidenarten zum Teil neu beschrieben und als Aquarienfische bekanntgemacht worden. Unter den Artnamen *Apistogramma hoignei* MEINKEN, 1965 und *A. hongsloi* KULLANDER, 1979 wurden zwei Arten beschrieben, deren Vertreter sich verwandtschaftlich recht nahe stehen. Die ersten stammen aus Gebieten nördlich Rio Meta (Camaguan-Sümpfe am Rio Portuguesa/Venezuela), die anderen kommen südlich dieses Flusses, im Gebiet des Rio Guarrojo/Kolumbien, vor. Dazu kommt aus derselben Großregion um den Rio Meta *A. macmasteri*, eine Art, deren Vertreter früher unter dem falschen Namen *A. ornatipinnis* gehandelt wurden. Bei der Beschreibung für dieses Taxon wurden jedoch Tiere der bereits von REGAN 1908 ins Leben gerufenen Art *A. steindachneri* aus Guyana und Surinam verwendet, so daß dieser Name heute als Synonym angesehen werden muß. Ein naher Verwandter, der dazu noch viel Ähnlichkeit in Körperform und Färbung zeigt, ist *A. viejita*, den KULLANDER 1979 beschrieb (Fotos Seiten 78/79). Von den Tieren dieser Art gibt es mehrere Farbformen.

An dieser Stelle sollte ein weiterer, der Gattung *Dicrossus* (früher *Crenicara*, vergleiche Kapitel ›*Aequidens*-Komplex‹) angehörender Zwergcichlide nicht vergessen werden: der Schachbrettcichlide *D. filamentosus*. Sein Lebensraum in Schwarzwasserregionen entlang der Orinoco-Linie im Grenzverlauf beider Länder läßt die Tiere hier zusammen mit dem Roten Neon *Paracheiro-*

don axelrodi vorkommen. Das Wasser ist meistens so weich, daß Härtemessungen kein Ergebnis zeigen. Der pH-Wert liegt einige Zehntel unter 6,0!

Wie der Name bereits erkennen läßt, kommt auch *A. iniridae* KULLANDER, 1979 in Gebieten am Ufer des Orinoco vor. Zusammen mit den beiden vorher Erwähnten – dem Schachbrettcichliden und dem Roten Neon – trifft man diesen segelflossigen Zwergcichliden in der Umgebung des kolumbianischen Grenzortes Puerto Inirida an. Das Gebiet liegt an der Mündung des gleichnamigen Flusses in den Rio Guaviare, der dann nach kurzem Lauf in den großen Orinoco mündet.

Zu dem bereits erwähnten *Pterophyllum altum*, von dem nur Jungtiere oder Halbwüchsige importiert werden, ist anzumerken, daß man bis heute schon häufig versucht hat, sie zur Nachzucht zu bewegen, dies jedoch nicht schaffte. Berichten der Indianer am Orinoco zufolge, sollen die Tiere viel größer – vor allem höher – werden, als wir uns das für einen Aquarienfisch vorstellen. Ich betrachte diese Ausführungen allerdings solange als Hypothese, eine unbewiesene Behauptung, bis ich diesen so großen Fischen tatsächlich begegnet bin. Bisher schlugen diese Versuche bei Besuchen in Ostkolumbien jedenfalls fehl. Ist allerdings an dieser Behauptung etwas Wahres, so kann man sich vorstellen, daß selbst größere Heimaquarien dem Raumbedarf der Fische nicht gewachsen sein können.

Anders dagegen verhält es sich mit dem Schmetterlings-buntbarsch *Microgeophagus (*früher *Papiliochromis) ramirezi*. Er ist aber nicht allein deshalb so populär, weil er sich gut nachzüchten läßt. Die Vorliebe der Aquarianer für diese kleine Cichlidenart ist seit dem Jahre 1948 ungebrochen, als MYERS & HARRY den Tieren erstmals

Apistogramma hongsloi (♂ in Balzfärbung) ist der Traum vieler Zwergcichliden-Freunde.

mit ›*Apistogramma ramirezi*‹ einen wissenschaftlichen Namen gaben und die ersten Exemplare im selben Jahr vom Aquarium Hamburg zum ersten Mal eingeführt wurden. Man stellte jedoch bald schon fest, daß die Fische in der Gattung der Höhlenbrüter falsch plaziert seien. Daraufhin wurden in der Literatur Vorschläge gemacht, für diese Art eine neue Gattung einzurichten (*Microgeophagus r.* FREY, 1957; *Pseudoapistogram-*

Apistogramma viejita. Männchen in aggressiver Stimmung.
Apistogramma iniridae, Paar bei der Balz; ♂ vorn.

ma r. AXELROD, 1971 und *Pseudogeophagus r.* HOEDE-MAN, 1969), doch konnte die Frage nach der Gültigkeit dieser Benennungen entsprechend den Internationalen Nomenklaturregeln leider erst viel später geklärt werden (vergleiche auch Kapitel ›Zwergcichliden‹).

Der Schmetterlingsbuntbarsch ist ein Offenbrüter, dessen Vertreter bis knapp 7 cm lang werden, wobei die Weibchen kleiner bleiben. Die in ruhigen bis langsam fließenden, schwach bewachsenen Savannengewässern lebenden kleinen Cichliden kommen hier über sandigem bzw. leicht verschlammtem Grund vor. Während der Regenzeit sind diese oft isoliert gelegenen Biotope überflutet, so daß sich die Lebensräume wesentlich erweitern und damit Chancen zur Vermischung der Populationen gegeben sind.

Wer die Zwergcichliden im Aquarium pflegen möchte, sollte davon ausgehen, daß sie k e i n e Anfängerfische sind! Sie passen sich nicht jedem Wassertyp und jedem Mitbewohner an und nehmen auch nicht jede Futterart begierig! Trotzdem sind sie gute Fresser und nehmen, wie viele Cichliden, besonders Insektennahrung (lebend oder tiefgefroren) gern. Abwechslungsreich soll die Nahrung sein! Wer an den Fischen echte Freude haben möchte, der sollte sie tunlichst auch nicht im Gesellschaftsaquarium pflegen. Nichts scheint dem Wohlbefinden der Tiere abträglicher zu sein, als Streß, wie er durch stärkere Störenfriede dauernd erzeugt wird. Ebenso störend sind zu enge Becken. Obgleich die Fische in ihren Heimatbiotopen in überaus weichem und meist auch sehr saurem Wasser leben, gelten diese extremen Werte für die Zucht nicht als zwingend. Vielmehr ist im Aquarium die Nitratarmut ausschlaggebend, die unter normalen Umständen nur mit häufigem

Teilwasserwechsel zu erreichen ist. Dazu muß noch erwähnt werden, daß die im Handel erhältlichen Tiere heute keine Wildfänge mehr sind, sondern Nachzucht- exemplare, die meist aus südostasiatischen Stationen stammen, was zu farblichen Abweichungen der Natur- form wie auch zu Fehlverhalten bei der Zucht führen kann (nicht muß!).

Ein artgerechtes Zuchtaquarium soll 80 bis 100 cm lang sein und eine möglichst große Grundfläche aufweisen. Der Boden besteht aus feinem, gut gewaschenem Sand. Die Einrichtung aus Wurzelholz und Steinen soll mäßig bleiben, kann aber so angelegt sein, daß das Aquarium sich in zwei deutlich voneinander getrennten Hälften gliedert. Das Wasser soll so weich wie möglich und ziemlich sauer sein. Zur Zucht wird die Temperatur auf 28 bis 30 °C eingestellt. Beleuchtet wird nicht zu hell. Etwa in der Mitte einer jeden Hälfte sollte sich die Oberseite eines dunklen flachen ›Laichsteines‹ aus dem Sandboden erheben. In das optisch so geteilte Becken setzt man jeweils zwei Tiere unterschiedlichen Geschlechts, die bereits zu erkennen gaben, daß sie miteinander harmonieren und somit ein Paar bilden könnten. Die Reviere werden bald festgelegt, und wenn die ersten Buddeleien im feinen Boden beginnen, kann man daraus entnehmen, daß die Paarungsbereitschaft nicht mehr weit ist.

Ob das Weibchen seinen Laich in eine ausgewedelte Grube gibt oder auf ein härteres Substrat, den erwähn- ten Laichstein, bleibt der Eigenart des Tieres überlas- sen. Nach jedem Laichschub werden die abgegebenen Eier vom aufmerksamen Männchen befruchtet. Nun aber naht die schwierige Phase, denn es kommt häufiger vor, daß Paare, die ihr erstes Gelege betreuen, die 200 bis 300 Eier bald fressen. Bei der Brutpflege wechseln sich beide Elterntiere ab. Wird das Becken von anderen Fischen oder Brutkonkurrenten bewohnt, kann es zu hektischen Auseinandersetzungen kommen; andererseits aber belebt die Konkurrenz das Brutgeschäft. Die 2,5 bis 2,8 Millimeter langen Larven schlüpfen am zweiten Tag (38 bis 42 Stunden nach der Eibefruchtung) und werden jetzt und in den folgenden Stunden mehrere Male umgebettet. Die weitere Entwicklung der Nachkommen zu schwimmfertigen und dann knapp 4 Millimeter langen Jungfischen dauert bis zum Aufzehren des großen Dottersackes knapp 5 Tage. Soeben geschlüpfte Artemia-Larven sind das Futter, das die Kleinen eben noch in ihr Mäulchen bekommen. Infusoriennahrung in den ersten 2 bis 3 Lebenstagen wird von vielen Züchtern als vorteilhafter empfunden.

Westwärts der Anden

Von Cichlidenvorkommen westwärts der Anden liest man in der einschlägigen Literatur verhältnismäßig wenig. Nur eine relativ geringe Zahl von Touristen nimmt, wenn sie zum Beispiel in Ecuadors Hauptstadt Quito in 2 850 Metern Höhe landet, den Weg über die westlichen, pazifischen Abhänge der Anden: Der Oriente – das Tiefland des Ostens, mit Quellflüssen und wichtigen Zuläufen des Amazonas – zieht sie weitaus mehr an. Dort aber müssen sie viel weitere Wege hinabfahren, bevor das Wasser der Flüsse eine Temperatur erreicht, die ein Leben der tropischen Fische ermöglicht. Auch in Gebieten unterhalb der westlichen

Anden, in Ecuador und Perú, gibt es Gewässer mit interessanten Cichliden. Die relativ bescheidene Artenzahl der Fische, wie wir sie hier antreffen, ist allerdings gegenüber der Artenvielfalt im Amazonien des Oriente weitaus geringer. Von den bei uns eingeführten Buntbarscharten kann ich deshalb hier nur vier anführen – und sie gehören nicht zu den Zwergen.

Zu den mittelgroßen der bekannten Cichliden gehört *„Aequidens" sapayensis*, erstbeschrieben nach Tieren aus dem Rio Sapayo, die im Aquarium eine Länge von mindestens 12 cm (♂♂) erreichen können. Weibchen bleiben etwas kleiner. Man braucht für ihre Haltung und Zucht ein pflanzenbestandenes Aquarium um 1 Meter Länge. Als Verstecke dienen Unterstände, die man aus Steinen und/oder Wurzelstücken errichtet. Das Wasser soll möglichst weich und leicht sauer sein.

Eine Ähnlichkeit mit Tieren, die wir als *„A".* pulcher (als dessen Synonym derzeit [noch?] *„A".* latifrons angesehen wird) aus Kolumbien kennen, ist unübersehbar. Dies gilt aber auch für andere Arten dieser Region, von denen noch die Rede sein wird. Der Sapayo-Buntbarsch trägt, wie viele Vertreter der Gattung, einen schwarzen Fleck auf der Flankenmitte, an den sich – stimmungsbedingt kräftig – beiderseits eine dunkle Längsbinde anschließt. Vom Auge zieht eine kurze schwarze Binde senkrecht nach unten. Bei älteren männlichen Exemplaren sind Rücken- und Afterflosse extrem lang ausgezogen. Erstere trägt bei Tieren beiderlei Geschlechts einen hellblauen Saum. Die hinteren Zonen der unpaaren Flossen zeigen einen kräftigen Anflug orangeroter Tönung. Mit einer Länge von 5 bis 6 (♀♀) bzw. 8 bis 9 cm (♂♂) sind die Fische fortpflanzungsfähig. Bevor die Paarung beginnt, werden einige

Gruben im Bodengrund ausgehoben. Dem Weibchen des Offenbrüters dient meist aber ein dunkler Laichstein als Gelegesubstrat. Auf ihn werden die etwa 150 ockergelben und knapp 1,5 Millimeter starken Eier in geringem Abstand aneinandergereiht. Nach jeder einzelnen Laichphase überläßt das Weibchen die Eier dem Männchen, von dem sie sofort darauf befruchtet werden. Die Brutpflege ist allein Sache der künftigen Mutter; der Partner hält sich dabei in gebührendem Abstand auf und überwacht das Umfeld. Nach etwa drei Tagen (temperaturabhängig) schlüpfen die Larven aus den Eihüllen. Sie werden jetzt von der aufmerksamen Mutter eingesammelt und in eine der vorbereiteten Gruben überführt. Bis sie ihren Dottersack aufgezehrt und sich zu schwimmfertigen Jungfischen entwickelt haben, vergehen drei oder vier weitere Tage, während denen die Mutter sie von einer Grube in die andere bettet. Die auch weiterhin gut bewachten Jungen bleiben bei der Nahrungssuche während der ersten Lebenstage noch im Schwarm zusammen. Ausreißer werden ins Maul genommen und in den Schwarm zurückgespuckt. Von den Jungfischen wird praktisch jede bekannte Futterart akzeptiert, solange das kleine Mäulchen sie schon pakken kann.

Der Gold- und der Silbersaumbuntbarsch:
Bereits im Jahre 1859 beschrieb GUENTHER *Chromis rivulatus* aus Westecuador, eine Art, die von späteren Ichthyologen in der heute gut bekannten Sammelgattung *Aequidens* untergebracht wurde, nachdem diese 1894 von EIGENMANN & BRAY aufgestellt und *A. tetramerus* (18 bis 24 cm) zum Gattungstyp ernannt wurde. Bis vor einigen Jahren wurde unter diesem Namen eine Spezies geführt, die als ›Doppelweißbinden-Bunt-

barsch‹ (MAYLAND, 1978) oder als ›Silbersaumbuntbarsch‹ (STAWIKOWSKI, 1983) bekannt wurde. Inzwischen tauchte eine neue Spezies auf, die als ›Goldsaumbuntbarsch‹ in den Handel kam, und deren Vertreter inzwischen dem Silbersaumbuntbarsch den Rang abgelaufen haben. WERNER & STAWIKOWSKI (1985) untersuchten die von den Ichthyologen erwähnten Lebensräume in Westecuador (GUENTHER, 1858: » . . western Andes of Ecuador . . «; BOULENGER, 1899: » . . Rio Peripa und Rio Vinces in Westecuador . . «) und trafen dort „als einzige *Aequidens*-Art den Goldsaumbuntbarsch, der damit das gesamte westliche Ecuador besiedelt. Im Osten Ecuadors fanden wir die Art dagegen nicht." Die Autoren kommen somit zu der naheliegenden Ansicht, daß es sich bei der beschriebenen Art von GUENTHER und somit bei „*Aequidens*" *rivulatus* um den Goldsaum- und nicht den Silbersaumbuntbarsch handeln muß.

Ob nun der letzte noch nicht mit einem wissenschaftlichen Namen belegt ist, konnte bisher nicht einwandfrei geklärt werden. LÜLING berichtete (1973) vom Silbersaumbuntbarsch, den er als ›„*A*". *rivulatus*‹ bezeichnet und bemerkt dazu: „ . . ist diejenige Art, die westandin an der pazifischen Küste weit nach Süden hinuntergeht, und zwar in den nördlichen Bereich des durch den Humboldt-Strom gemilderten Klimas. Ich fand den Buntbarsch etwa 40 bis 45 km südlich von Lima am Pazifik in kleinen Süßwasserteichen. Lima, das bei 12 ° südlicher Breite liegt, hat (bedingt durch den ›kalten‹ Humboldt-Strom) eine mittlere Jahrestemperatur von nur 19,3 °C. Im Winter (Juli bis Oktober) ist es nur 14 ° bis 17,8 °C warm; das sind 6 bis 7 °C weniger, als das Land dort seiner geographischen Lage nach haben

„Aequidens" rivulatus, der Goldsaumbuntbarsch aus dem Westen von Ecuador (♂).

müßte . . — Ich bin sicher, daß der bei uns fast unbekannte ›A.‹ *rivulatus* unerkannt unter falschem Etikett hier und da gehalten wird." Andere Fischkenner dieses westandinen Gebietes glauben nicht daran, daß die soweit südliche Verbreitung des Silbersaumbuntbarsches eine natürliche ist, sondern führen seine Anwesenheit auf eine Einbürgerung durch Menschenhand zurück.

Bleiben wir also bis zum Gegenbeweis dabei, daß es sich bei „A". *rivulatus* um den Goldsaumbuntbarsch handelt und der Silbersaumbuntbarsch bis zur endgültigen Namensklärung als *„Aequidens" spec.* zu führen ist.

Zur Vermehrung von Tieren beider Buntbarschformen braucht man Becken ab 120 cm Länge. Man sagt den Tieren große Aggressivität nach. ›Green terror‹ (›Grünes Entsetzen‹) nennt man den Silbersaum deshalb auch im englischen Sprachraum. Dieser Name mag dann seine Berechtigung haben, wenn sich die Tiere gestreßt in zu engen Becken entwickeln und sich dort mit artgleichen Geschlechtskonkurrenten harte Rangkämpfe liefern. Immerhin können die bulligen Männchen bis etwa 20 cm lang und entsprechend stark werden. Hat sich aus einer Gruppe ein Paar gefunden, so sollte man die übrigen Tiere der Art entfernen. So muß dann auch nach dem Umsetzen in ein anderes Becken die Rangfolge in den meisten Fällen wieder neu ausgefochten werden, weil dann (wahrscheinlich) das ranghöchste

Jungtier von *Cichlasoma festae* in schöner Buntfärbung.

Tier für die Zucht zurückgelassen wurde. Die Gelege der Offenbrüter haben einen Umfang von mehreren hundert Eiern, aus denen die Larven nach rund 48 Stunden schlüpfen. Der weitere Entwicklungsverlauf entspricht in etwa dem für *A. sapayensis* berichtetem, und die Zucht des Goldsaumbuntbarsches läuft ebenfalls ähnlich ab.

Mit *Cichlasoma (Parapetenia) festae*, dem ›Festabuntbarsch‹, kann ein weiterer Großcichlide vorgestellt werden, dessen Heimatbiotope im westlichen Ecuador (Rio Guayas-System und andere) gelegen sind. Mit einer Endlänge von 30 cm (unter guten Bedingungen auch noch einigen Zentimetern mehr!) gehören die Tiere zu den größten Cichliden, die man im Aquarium pflegen kann. Interessant ist bereits die Farbpalette bei Jungtieren ab 5 bis 6 cm (Foto Seite 87), für deren Aufzucht bereits ein Aquarium um 100 bis 120 cm Länge reicht. Werden die Tiere größer als 12 cm, so benötigen sie – allein wegen ihrer aufkommenden Kraft – ein noch größeres Becken mit stärkeren Scheiben. Spätestens mit dieser Größe entwickeln die Tiere auch eine Ruppigkeit, die sie für andere Mitbewohner im Gesellschaftsaquarium als dominante Störenfriede gelten läßt.

Während die jüngeren Tiere noch eine Mischfärbung aus roten und grünen Tönen zeigen, nehmen erwachsene Tiere ihre endgültige Färbung an, welche die Geschlechtsunterscheidung jetzt leicht macht: Über dem Muster aus 8 bis 9 dunklen Querbinden liegt bei männlichen Tieren ein seegrüner Glanz, während bei den Weibchen eine feuerrote Färbung die Binden noch plastischer zeigt. Der Augenfleck mit dem irisierenden Saum an der Grenze zur oberen Hälfte des Schwanzstieles ist bereits bei jüngeren Tieren ausgebildet.

Der Festabuntbarsch gilt als Offenbrüter, wenngleich sich die Weibchen für ihre Brut verständlicherweise einen sicheren Platz aussuchen. Wie bereits häufiger erwähnt, wählen dazu fast alle Cichliden einen höhlenartigen Unterstand, um den Zuchtplatz am besten kontrollieren und gegebenenfalls auch verteidigen zu können. Hierzu braucht man bei diesen Fischen sehr solide Aufbauten. Das Gelege kann, je nach Größe und Gesundheit des Weibchens, rund 1 000 bis 3 000 transparentbraune Eier umfassen, woraus zu ersehen ist, daß jetzt allein die hohe Zahl der zu erwartenden Jungfische ein Becken verlangt, daß 180 bis 200 cm Länge hat. Die Larven sprengen die Eihülle nach rund 3 Tagen, wobei die Mutter aufmerksam Hilfestellung gibt und die noch nicht schwimmfähigen Nachkommen in ausgewedelten Gruben unterbringt. Sie werden nur selten umgebettet. Nach knapp 6 weiteren Tagen ist der Dottersack aufgezehrt und die Entwicklung zu schwimmfertigen Jungfischen abgeschlossen. Sie gehen jetzt auf Nahrungssuche und sind dabei nicht wählerisch. Die übliche Kleinstnahrung, angefangen bei Artemia-Nauplien, Cyclops und Staubfutter, reicht ihnen schon nach wenigen Tagen nicht mehr.

Der Mato Grosso

Wenn wir von › d e m Mato Grosso‹ reden, meinen wir oft nicht den gleichnamigen brasilianischen Bundesstaat in seiner vollen Größe, sondern eher das südliche Gebiet mit der großen Sumpflandschaft, dem Pantanal, an der Westgrenze Brasiliens zu Bolivien, an das sich im Süden der Bundesstaat Mato Grosso do Sul anschließt.

Die Ichthyofauna in diesem Bundesstaat Mato Grosso ist deshalb so verschieden, weil sich in seinen Gebirgen die Wasserscheide nach Norden und Süden verbirgt, was von vielen übersehen wird. So wird der Teil des Staates, dessen Gebiete zum Amazonas hin entwässert werden, in den Begriff ›Amazonien‹ eingeschlossen. Dagegen gehören die Gewässer, die nach Süden abfließen, den Systemen des Rio Paraguay und des Rio Paraná an. Wer also beispielsweise behauptet, daß *Acarichthys heckelii* ›im Mato Grosso‹ vorkommt, der hat zweifellos recht, denn die Verbreitung dieser Art reicht (über den Rio Araguaya) bis in den Staat Mato Grosso hinein. Vertreter einer anderen Art, über die bereits zu lesen war, treffen wir in Bolivien ebenso an wie im System des Rio Paraguay: die allgegenwärtigen *Mesonauta festivus* bzw. *M. insignis*, die uns Aquarianern besser als ›Flaggenbuntbarsche‹ bekannt sind – und (natürlich) auch *Astronotus ocellatus*. Sie aber gehören wohl nicht zu den besonderen Lieblingen der meisten Aquarianer. Bei Reisen in den erwähnten südwestlichen Teil des Bundesstaates Mato Grosso trafen wir bei Fangversuchen immer wieder auf schöne mittelgroße und großflossige Fische, die wir zum Kreis der Sammelgattung *Aequidens*-Vertreter rechneten. Leider war eine genaue Identifikation nicht möglich.
Zu den kleineren Cichliden, die man in diesem südwestlichen Teil antrifft, gehören einige bekannte Zwergcichliden wie *Apistogramma borellii*, *A. trifasciata*, *A. commbrae* und *A. inconspicua* – nicht zu vergessen seien die Vertreter einer früher zu *Aequidens* gestellten Art, deren Mitglieder heute mit dem Namen *Parvacara dorsigera* belegt sind. Bei den meisten der hier genannten Taxa handelt es sich um Arten, die man bei Bespre-

chungen anderer Gebiete oder systematischer Unterteilungen in diesem kleinen Buch wiedertrifft. So gesehen ist der Name ›Mato Grosso‹ als Biotop-Erklärung eher verwirrend, weil die Grenzen dieses Gebietes unterschiedlich abgesteckt werden und so den Leser nur verunsichern.

Das Rio-Paraguay/ Rio-Paraná-System
Von den Tropen in die Subtropen

Zur Kenntnis dieses riesigen Entwässerungssystems muß man wissen, daß der große Rio Paraná durch den Zusammenfluß des Rio Paranaíba und des Rio Grande ohne eigenes Quellgebiet im westlichen Zipfel des brasilianischen Bundesstaates Minas Gerais gebildet wird. Bis zum Zusammentreffen mit dem Rio Paraguay hat er bereits das Wasser vieler Zuflüsse aufgenommen und an Mächtigkeit gewonnen. Der Rio Paraguay entspringt im Südwesten des Staates Mato Grosso und bildet – am Rande des brasilianischen Bundesstaates Mato Grosso do Sul – einen großen Teil der Grenze zwischen Brasilien und Bolivien. Darauf durchquert der Fluß das Staatsgebiet von Paraguay von Norden nach Süden und setzt seinen Weg in den argentinischen Gran Chaco fort, wo er sich nördlich der Schwesternstädte Resistencia und Corrientes mit dem Rio Paraná vereint (MAYLAND, 1980b). Der Rio Paraná setzt seinen Weg nach Süden fort und bildet am nordwestlichen Ende der großen Meeresbucht des Rio de La Plata sein Mündungsdelta.

Da beide Flüsse letztlich ihren Weg aus den Tropen in den subtropischen Süden nehmen, wird verständlich, daß sich dabei der Jahresdurchschnitt der (Wasser-) Temperatur erheblich in Richtung ›kühler‹ verändert. So wird für den südamerikanischen Sommer (Dezember) in der Chaco-Region ein Mittel von 26,9 °C und für den Winter (Juni/Juli) von 17,0 °C angegeben. Bis zum Südrand des Chaco, nahe der Stadt Córdoba, fällt dagegen die winterliche Temperatur bereits auf 10,6 °C ab. Zu diesen Werten wird angemerkt (HUECK, 1966): „Mit Temperaturen unter dem Gefrierpunkt kann in den Nächten der kalten Jahreszeit fast überall gerechnet werden. Die absoluten Minima sinken in den verschiedenen Stationen bis auf −3 und −5 °C." Auch wenn die Abkühlung der Gewässer, besonders in tieferen Schichten, ›zäher‹ verläuft, so muß doch festgestellt werden, daß die Cichlidenarten, deren Lebensraum in diesem Bereich liegt, eine gute Portion an Anpassungsfähigkeit aufweisen müssen. Das fällt besonders dann ins Gewicht, wenn derselbe Autor feststellt, daß im Flachland des östlichen Chaco, in dem ein großer Teil wegen des hohen Grundwasserstandes regelmäßig überschwemmt wird (sehr gute Killifischregionen!), während der Sommermonate, wenn das Klima feucht und warm ist, Temperaturen zwischen 35 und 40 °C erreicht werden.

Nun zu den Cichliden dieses Gebietes. Wenn man einmal die beiden schon häufiger erwähnten Arten *Astronotus ocellatus* und *Mesonauta festivus* bzw. *M. insignis* (beide einander sehr ähnlich), die hier vorkommen, unberücksichtigt läßt, so bleiben nur Tiere weniger Arten übrig, die als Dauergäste in unseren Aquarien leben. Zuerst wären drei Vertreter aus dem *Geophagus*-

Komplex zu nennen, denen in der Folge ein eigenes kleines Kapitel gewidmet ist, und auf die ich deshalb hier nicht zurückkommen muß.

Aus dem heutigen Kreis der Gattung *Cichlasoma* ist hier im Süden (neben *C. portalegrense*, den man früher zur Sammelgattung *Aequidens* gestellt hat) nur *C. facetum* vertreten. An dieser Art ging während der letzten zwei Jahrzehnte – obgleich als Aquarienfisch sehr bewährt! – gegenüber den farbigeren mittelamerikanischen Verwandten viel an Interesse verloren. Betrachtet man unter demselben Gesichtspunkt die übrigen Bewohner des Südens, so muß man feststellen, daß das aquaristische Interesse sich auch für sie in Grenzen hält. Denken wir an *Cichlasoma portalegrense, Aequidens tetramerus* oder *Bujurquina vittata* (Synonym *Aequidens paraguayensis*). Die einzigen Cichliden, denen offenbar ein Dauerinteresse in der Aquaristik beschieden ist, sind *Parvacara dorsigera* sowie *Apistogramma borellii* und *A. trifasciata*, die in den folgenden Kapiteln noch angesprochen werden.

<u>*Cichlasoma facetum*</u> gehört zu den Buntbarschen Südamerikas, mit denen bereits unsere Väter und Großväter gute aquaristische Haltungs- und Zuchterfolge aufweisen konnten. Da die Tiere – möglicherweise durch Menschenhand – ihren Lebensraum inzwischen bis in kühlere pazifische Küstenregionen Chiles (Fang BLEHER) ausdehnen konnten, muß man daraus auch ihre große Anpassungsfähigkeit ableiten. Bereits 1936 empfahlen ARNOLD & AHL in ihrem bekannten Aquarienfischbuch: »Haltung in geräumigen Aquarien mit reinem Sandboden und schwimmenden Pflanzen (Elodea). Zimmertemperatur genügt für die Haltung. Zur Zucht sind 22 bis 25 °C erforderlich. Verträgt auch niedrigere

Temperaturen ohne Schaden zu nehmen. Gefräßig, bissig und unverträglich.« MEINKEN (in HOLLY, MEINKEN & RACHOW, ab 1932 fortlaufend) geht sogar noch weiter: „ . . kann aber ohne Schaden Temperaturfälle bis 12 °C, vorübergehend sogar bis 10 °C vertragen. Am liebsten 23 bis 25 °C, zur Laichzeit 25 bis 27 °C. Zur Überwinterung 17 bis 20 °C."

Die Vertreter dieser Art haben in mancherlei Beziehung viel Ähnlichkeit mit mittelamerikanischen Gattungsverwandten, wie bereits REGAN Anfang dieses Jahrhunderts in seiner Revision anmerkte. Er stellte die Art in eine gesonderte Sektion, in der sie bis heute (mit all (!) ihren Synonymen wie *Chromis oblonga, Heros autochthon, H. jenynsii, H. acaroides*) isoliert blieb, weil man keine weiteren (sicheren), der Art nahestehenden Verwandten fand. Die Tiere können eine Länge erreichen, die um 30 cm liegt. Im Heimaquarium bleiben sie aber meist etwas kleiner und werden bereits geschlechtsreif, wenn die männlichen Tiere 8 bis 10 cm, die Weibchen 6 cm lang sind. Mit der Geschlechtsreife tritt auch eine Adultfärbung ein, die sich jedoch nicht genau beschreiben läßt, weil die Tiere über ein großes Farbwechselvermögen verfügen, von dem sie stimmungsbedingt Gebrauch machen.

Als ziemlich produktive Offenbrüter (100 bis 1 000 Eier je nach Größe und Gesundheit des Weibchens) benötigen die Fische, wie die genannten Autoren bereits erwähnten, keine besondere Einrichtung im Aquarium. Von einer Bepflanzung muß deshalb abgeraten werden, weil die paarungswilligen Weibchen zumindest einen Teil ihrer Behausung, in dem sie ihren Brutplatz anlegen wollen, nach ihren Wünschen umgestalten und dabei auch ›nicht passende‹ Pflanzen ausgraben. Ein

94

Laichsubstrat in Form einer großen, flachen Steinplatte – liegend oder schräg angelehnt – ist ihnen wichtiger. Zur Not darf es auch eine Wurzel oder ein Pflanzenblatt sein. Die Einleitung des Laichvorganges besteht in besonders intensivem und mehrere Tage andauerndem Putzen dieses Substrats, an dem sich beide Partner beteiligen und in Stimmung bringen. Nach einigen Scheinlaichübungen – sozusagen als ›Generalprobe‹ – beginnt dann der ein oder zwei Stunden andauernde Laichakt, wobei das Weibchen die knapp 2 Millimeter großen Eier Schub für Schub auf den Stein heftet. Das wartende Männchen befruchtet jeden Eischub, nachdem dieser neue Teil des Geleges aufgeheftet ist. Die künftige Mutter übernimmt allein die direkte Brutpflege, während der Partner den Umkreis sichert. Oft genug sieht man aber auch beide Eltern bei der Brutpflege, die man als sehr fürsorglich bezeichnen kann. Abhängig von der Wassertemperatur (im Mittel 27 °C) sind die Larven nach 2 bis 3 Tagen schlupffähig. Ist das Wasser merklich kühler (etwa 25,5 °C), verlängert sich die Entwicklungszeit um rund 1 Tag. Meist sprengen die Larven nicht selber die Eihülle, sondern werden von den Eltern davon befreit und sogleich an Pflanzenteilen unterhalb des Wasserspiegels oder in ein Bodenversteck umgebettet. Ihre weitere Entwicklung zu schwimmfertigen Jungfischen hat die Natur ebenfalls von der Wassertemperatur abhängig gemacht: Bei etwa 27 °C muß der Züchter gut 7 Tage warten; ist das Wasser kühler, rund 25,5 °C, verlangt die Larvenentwicklung 3 bis 4 Tage mehr. Von nun an werden die Jungen im Schwarm von einem Elternteil ›spazierengeführt‹, wobei sie immer in naher Umgebung des Alttiers bleiben und dabei nach Nahrung suchen.

Isolierte Systeme in Südbrasilien und Uruguay

Der enge Verbreitungsraum einiger Arten

Aus Brasiliens südlichem Staat Rio Grande do Sul wie auch von der sich im Süden daran anschließenden Ostküste Uruguays kennen wir eine Reihe nicht sonderlich ausgedehnter Flußsysteme, die direkt in den Südatlantik entwässern und deshalb keine Verbindung zu den weiter westlich vorbeiziehenden großen Flüssen des Paraná/Paraguay-Systems haben. Ein ebenfalls zum großen Teil eigenständiges System bildet der große Rio Uruguay, der sein Wasser, wie der Rio Paraná, in den Golf von La Plata schickt. Einen Teil seiner Zuflüsse im Oberlauf stammt ebenfalls aus dem erwähnten südbrasilianischen Staat, nur entspringen sie jenseits der Wasserscheide und nehmen ihren Weg nicht direkt nach Osten in den südlichen Atlantik. Von den Cichlidenarten, die aus dieser Region gelegentlich im Handel auftauchen, sind hauptsächlich zwei zu nennen, nämlich der nur mittelgroße, im Aquarium kaum größer als 15 cm werdende *Cichlasoma portalegrense* (früher als *Aequidens portalegrensis* geführt) sowie der hoch gebaute, bis 25 cm lange *Gymnogeophagus gymnogenys*. Eine weitere Art, deren Vertreter in Südbrasilien, im Rio Uruguay, aber auch im unteren Rio Paraná (!) zu finden sind, ist *Gymnogeophagus rhabdotus*, ein sehr farbiger und dazu höchstens 12 bis 14 cm groß werdender Offenbrüter.
Ebenfalls aus diesem Gebiet, wie auch aus dem System des Rio Paraná/Rio Paraguay, wurde 1983 von KULLANDER *Cichlasoma pusillum* erstbeschrieben. Tiere dieser

Art traten allerdings (bisher) aquaristisch noch nicht in Erscheinung.

Cichlasoma portalegrense wurde vor und nach dem letzten Krieg häufiger eingeführt als heute. Die recht anspruchslosen Tiere sind deshalb für viele Aquarianer ›out‹, weil sie nie mit ihnen Bekanntschaft machten. Wer einmal ein Zuchterlebnis mit mittelgroßen Buntbarschen wie diesen haben möchte und dabei auf ein Wasser von der Qualität einer Diskuszucht verzichten muß, der soll sich um diese Fische bemühen. Zugegeben: Jungtiere zeigen noch nicht viel Farbe, wahrscheinlich der Grund, weshalb viele Händler ablehnen, die Fische anzubieten. Die wenigen Farbfotos, die andererseits in den einschlägigen Zeitschriften erschienen sind, zeigten auch nicht die schönsten Farben der Tiere.

Aus den oben genannten Gründen dürften die Fische auch nicht als Rarität zu hohen Preisen gehandelt werden. Ein guter Pflegling für Einsteiger also! Man muß sie nur im Händlerbecken finden. Bei der Nahrungsaufnahme sind die Tiere nicht besonders wählerisch. Es versteht sich, daß sie gern fleischige Nahrung nehmen – vor allem, wenn sie noch jünger sind und innerhalb weniger Monate ihre volle Größe erreichen sollen. Es überrascht immer wieder, wenn man sieht, mit welchen Arten von Nahrung, die auf keiner Futterliste stehen, sie sich den Bauch vollschlagen: Krebs- oder Fischfleisch, hart gekochtes Eigelb, Tartar, Regenwürmer, Mehlwürmer, klein geschnittene Bröckchen von mildem Käse und vieles andere.

In der Heimat dieser Fische gibt es einen recht kühlen Winter, der genau in unseren Hochsommer fällt. Das liegt daran, daß die Lebensräume genau auf der anderen Seite unseres Erdballs liegen. ›Es‹ darf also in ihrem

Aquarium auch schon einmal etwas kühler werden, und wer will, kann ihnen einen südamerikanischen Winter durch Absenken der Temperatur auf 16 bis 20 °C bescheren. Als normale Haltetemperatur reichen 22 bis 24 °C, die man zu Zuchtzwecken auf 26 bis höchstens (!) 28 °C erhöht. Es sind aber auch aus früheren Jahren bereits bei 20 °C erfolgreiche Nachzuchtversuche gemeldet worden (MEINKEN)! Das Weibchen (Laichröhre ist sichtbar!) des hier im Foto abgebildeten Paares laicht fast immer auf einer stark von Algen bewachsenen aufrecht stehenden Steinplatte – auch im Gesellschaftsbecken, zusammen mit anderen, größeren südamerikanischen Cichliden. Auf der rückwärtigen, dem Auge des Betrachters abgewandten Seite wird dazu von beiden Tieren eine im Durchschnitt etwa 15 cm große Fläche gesäubert. Vorher oder zwischen den einzelnen ›Putzgängen‹ wird in der Nähe ein wenig gebuddelt. Aus der Sicht des Pflanzenliebhabers ist das aber nicht besorgniserregend. Wer sich trotzdem sorgt, sollte die Pflanzen in kleinen Tonschalen unterbringen und sie dazu mit Steinen abdecken. Ich hatte stets den Eindruck, daß die Buddelei weniger dazu dient, Gruben zur späteren Verwendung auszuheben, als vielmehr bei jüngeren, ungeübten Tieren Paarbildung und Synchronisation zu festigen. Bei einem älteren, erfahrenen Paar sah ich das nicht. Schließlich macht sich das Weibchen daran, Reihen rötlicher Eier auf die präparierte Fläche der Steinplatte zu haften, die sogleich danach vom Partner befruchtet werden. Es kann vorkommen, daß jüngere Paare ihre Eier fressen – dann muß man warten, bis es ein zweites Mal klappt. Das Laichen an steil aufragender Steinwand hat gegenüber einer liegenden Platte für die Tiere den Vorteil, daß sie beim Befächeln

Dieses Weibchen von *Cichlasoma portalegrense* (oben, Laichröhre sichtbar) gibt sein Gelege fast immer auf eine aufrecht stehende Steinplatte ab.

des Geleges in horizontaler Schwimmhaltung vor dem Gelege stehen und bei der geringsten Störung reagieren können. Der restliche Ablauf der Fortpflanzung entspricht in etwa der von *C. facetum* aus dem vorangegangenen Kapitel.

Gymnogeophagus gymnogenys, der ›Rotflossen-Perlmutterbuntbarsch‹, gehört in die Gruppe der Geophaginen, über die es noch im übernächsten Kapitel einiges zu sagen gibt. Seit Anfang dieses Jahrhunderts sind die Fische eingeführt, doch hatte der Handel sich kaum bemüht, nach dem zweiten Weltkrieg wieder Tiere einzuführen. So waren sie für die meisten Aquarianer bestenfalls namentlich bekannt. Die meisten dieser Fische, die heute aquaristisch verbreitet sind, wurden in den letzten Jahren mit Hilfe aquaristischer Eigeninitiative eingeführt. In verschiedenen früheren Abhandlungen sind als Lebensraum das ›La-Plata-Stromgebiet‹ oder die ›La-Plata-Länder‹ erwähnt. Solche Hinweise sind irreführend, da die Fische nach heutigen Kenntnissen nur im erwähnten südlichen Bundesstaat Brasiliens sowie im Flußsystem des Rio Uruguay vorkommen, das nicht mit dem des Rio Paraná in Verbindung steht.

Von den übrigen Verwandten der inzwischen recht artenreichen *Geophagus*-Familie unterscheiden sich die Tiere dieser Art deutlich durch ihre Körperform und den Kopf mit der steil gewölbten Stirn. Die prächtige Färbung, besonders erwachsener Männchen, kann man in Artikeln oder Büchern des Autors (MAYLAND 1987 und 1988) nachprüfen. Auch für den natürlichen Lebensraum dieser Fische gilt wieder das, was bereits vorher für *C. portalegrense* angeführt wurde: Es gibt eine zuweilen recht kühle Winterzeit, und normalerweise laichen die Fische dann im darauffolgenden Frühjahr, nämlich dann, wenn bei uns in Europa der Herbst einzieht. Die Fische brauchen ein großes Becken mit feinem Sandgrund, damit sie dort ihrem ›Baggertrieb‹ nachgehen können (vergleiche auch Kapitel *Geophagus*-Verwandte). Früheren Beobachtungen nach hätte auch diese Art ein Offenbrüter sein müssen. Das stimmt aber nicht ganz, wie man inzwischen festgestellt hat: Es handelt sich um sogenannte larvophile Maulbrüter, um maulbrütende Fische also, die ihre Nachkommen erst nach dem Schlupf der Larven ins Maul nehmen, wo sie, so geschützt, ihre weitere Entwicklung bis zum Freischwimmen durchmachen. SCHULZ (1986) lieferte einen ausführlichen Bericht über das Vorkommen der Fische und versprach eine Folge von der Zucht. Leider erfolgte bis Anfang 1990 weder dieser Bericht noch ein anderer.

Arten aus dem *Aequidens*-Komplex

Wer kennt sie nicht, die vielen Cichlidenarten, die unter dem Namen ›*Aequidens*‹ gehandelt werden? Kann man aber diesem Gattungsnamen heute noch trauen? Nein, man kann nicht! Es mag den meisten Aquarianern bewußt sein, daß der altbekannte *A. latifrons* heute als Synonym von *A. pulcher* gilt. Ist damit das Taxon *Aequidens latifrons* ›untergetaucht‹ oder gibt es eine andere Spezies, die ursprünglich mit diesem Namen belegt wurde? Nehmen wir das Beispiel von *A. rivulatus*, über den bereits an anderer Stelle in diesem Buch geschrieben wurde, und bei dem strittig sein mag, welcher der beiden Spezies dieser Name zusteht. Eines kann man mit Bestimmtheit sagen: Die Gattung *Aequidens*, als deren (unverrückbarer!) Gattungstyp *A. tetramerus* festgelegt ist, wird zwar künftig nicht in der wissenschaftlichen Literatur unauffindbar untertauchen, aber die hohe Zahl der zu dieser Gattung gestellten Arten kann es nicht mehr länger geben – auch wenn dies viele ältere Wissenschaftler nicht wahrhaben wollen. Das sogenannte Splitting, die Aufteilung von altbekannten Taxa auf andere, meist neu erstellte Gattungen (ein nominelles Taxon [wie die Einzahl lautet] ist ein durch einen Typ festgelegter Artname), wird von vielen jüngeren Wissenschaftlern bevorzugt, auch wenn dadurch für die Aquarianer neben Klarheit auch eine Menge Unklarheit, ja Unverständnis entsteht. Jeder Fischfreund, der ein wenig mitdenkt, wünscht sich natürlich, daß (bei intensiverer ›Organisation des Gattungsbegriffes‹) Tiere, die allein schon optisch nur wenig gemein haben, nicht in ein und derselben Gattung beieinanderstehen. Ein Beispiel wären die kleinen zierlichen Exemplare von *A. curviceps* einerseits und die ausgewachsenen Bullen des Goldsaumbuntbarsches *A. rivulatus* andererseits: Sie mögen miteinander verwandt sein, aber nicht so eng, daß dies eine artgerechte Umgruppierung in unterschiedliche Gattungen ausschlösse. Bei der Zuordnung eines Taxons zu einer Gattung entsteht ein Binomen, die Kombination eines Gattungs- und eines Artnamens, die zusammen den wissenschaftlichen Namen der Art bilden.

Die Gattung *Aequidens* wurde im Jahre 1894 von EIGENMANN & BRAY aufgestellt und, wie erwähnt, *A. tetramerus* als Gattungstyp festgelegt. In einer Arbeit der letzten Jahre machte sich 1983 der Schwede KULLANDER daran, die verschiedenen Arten nebst ihren Synonymen bzw. Doppelbeschreibungen aufzulisten und in Gruppen aufzuteilen, soweit das nicht bereits von REGAN zu Beginn dieses Jahrhundert geschehen war. Der Autor teilte die Arten wie folgt ein:

Die Dorsiger-Gruppe, deren 4 bis dahin beschriebene Arten er später (1986) in die neu geschaffene Gattung

102

Männchen einer bisher noch nicht beschriebenen *Parvacara*-Art, die Ähnlichkeit mit *P. curviceps* aufweist.

Laetacara überführte. Dabei wurde übersehen, daß WHITLEY bereits 1951 den Gattungsnamen *Parvacara* für diese kleinbleibenden Vertreter einführte (*parvus* = klein, *acara* = Name für südamerikanische Buntbarsche). Sie werden in der aquaristischen Literatur folglich auch zu den Zwergbuntbarschen gerechnet. Somit gehören derzeit der Gattung an:

Parvacara flavilabris (Gattungstyp)
Parvacara curviceps
Parvacara dorsigera
Parvacara thayeri

Mit der Beschreibung neuer Taxa für inzwischen bekanntgewordene Spezies ist zu rechnen.

Die Syspilus-Gruppe, deren 4 bis dahin beschriebene
Arten später (1986) von KULLANDER der von ihm neu
aufgestellten Gattung *Bujurquina* zugeführt wurden.
Dazu kommen aus demselben Jahr 12 neubeschriebene
Arten, denen der Autor im Jahre 1987 mit der Beschreibung von *B. oenolaemus* eine weitere aus dem Gebiet
um den Golf von La Plata hinzufügte. Somit gehören
der Gattung derzeit an:

Bujurquina moriorum (Gattungstyp)
Bujurquina apoparuana
Bujurquina codemadi
Bujurquina eurhinus
Bujurquina hophrys
Bujurquina huallagae
Bujurquina labiosa
Bujurquina mariae
Bujurquina megalospilus
Bujurquina oenolaemus
Bujurquina ortegai
Bujurquina peregrinabunda
Bujurquina robusta
Bujurquina syspilus
Bujurquina tambopatae
Bujurquina vittata
  (Synonym *A. paraguayensis*)
Bujurquina zamorensis

Die Pulcher-Gruppe, deren 6 derzeit bekannte Arten
sicher einer Revision bedürfen. Dazu muß die Frage
nach der Zugehörigkeit von *A. latifrons* und den beiden
als *A. rivulatus* geführten Arten geklärt werden. Es
handelt sich um die Vertreter von:

„*Aequidens*" *biseriatus*
„*Aequidens*" *coeruleopunctatus*
„*Aequidens*" *latifrons*

„Aequidens" pulcher
„Aequidens" rivulatus
„Aequidens" sapayensis

Die Guianensis-Gruppe stützt sich derzeit auf nur 2 Arten. In der Arbeit von KULLANDER & NIJSSEN (1989) wurde die neue Gattung *Krobia* (mit Gattungstyp *K. guianensis*) aufgestellt, in welcher die beiden Arten vereint sind. Es sind:

Krobia guianensis
Krobia itanyi

Die Art „*Aequidens" maronii* weist einige wenige Merkmale auf, die auch ihr einen besonderen Status einräumen und das Taxon somit einer eigens für sie geschaffenen Gattung zuweisen. Es ist die von KULLANDER & NIJSSEN (1989) aufgestellte Gattung *Cleithracara*. Sie ist (derzeit noch) monotypisch. Die neue Namenskombination lautet also:

Cleithracara maronii

Zum *Aequidens*-Komplex im weiteren Sinne gehört auch eine Art, die sogleich mit ihrer Erstbeschreibung von KULLANDER (1986) einer ebenfalls neu aufgestellten und derzeit (noch) monotypischen Gattung zugewiesen wurde. Es handelt sich um die bereits an anderer Stelle erwähnte Art

Tahuantinsuyoa macantzatza.

Der nur mit viel Übung auszusprechende Name ist dem Quechua, der Sprache der eingeborenen Andenbewohner entlehnt und entspricht der Bedeutung ›Inkareich‹. Die Fische stammen aus dem Einzugsgebiet des oberen

Bujurquina mariae, Männchen.

Bujurquina vittata, Synonym: *Aequidens paraguayensis*, Männchen.

Aequidens pallidus, Weibchen.
„Aequidens“ biseriatus, Männchen. Weibchen auf Umschlag.

Amazonas (Typusgebiet: Rio Huacamayo/Perú). Sie werden um 12 cm lang.

Mit *Mazarunia mazarunii* beschrieb KULLANDER 1990 eine weitere Gattung und Art aus dem *Aequidens*-Komplex. Das Typenmaterial stammt aus dem oberen Mazaruni River in Guyana (früher British Guiana). Es sind Zwerge von kaum mehr als 5 cm Länge, von denen nur zwei Exemplare als Typenmaterial vorlagen.

Im Rahmen dieser Arbeit weist der Autor (KULLANDER) auch darauf hin, daß die Gattungen *Crenicara* und *Dicrossus* beide 1875 von STEINDACHNER für die Arten *C. punctulatum* bzw. *D. maculatus* aufgestellt wurden, für die sie auch jeweils den Gattungstyp darstellen. Erst später (1959) kam LADIGES' Beschreibung von *C. filamentosum* dazu. Es wird jedem Aquarianer, der die Fische kennt, einleuchten, daß die Absicht, die Gattung *Dicrossus* zu revalidisieren (wieder gültig zu machen), allein aus optischen Gesichtspunkten nicht falsch sein kann. Der hochrückige, bis 12 cm groß werdende *C. punctulatum*, der auch bereits unter seinem Synonym *Aequidens hercules* EIGENMANN & ALLEN, 1942 aquaristische Karriere machte, weicht stark von der gestreckten, fast torpedoförmigen Gestalt der beiden Verwandten ab. Vorläufig ist die Gattung somit monotypisch. Ihre einzige Art ist

Crenicara punctulatum.

Die beiden übrigen erwähnten Arten gehören der wieder eingeführten Gattung *Dicrossus* an, zu der es in Zukunft noch die eine oder andere Neubeschreibung geben dürfte. Die gültigen Namen sind hier:

Dicrossus maculatus
Dicrossus filamentosus

Die Gattung *Aequidens* im engeren Sinne weist immer noch eine größere Zahl bekannter Aquarienfische auf. Es sind:

> *Aequidens diadema*
> *Aequidens metae*
> *Aequidens pallidus*
>   Synonym: *A. duopunctata*
> *Aequidens patricki*
> *Aequidens plagiozonatus*
> *Aequidens paloemeuensis*
> *Aequidens stollei (?)*
> *Aequidens tetramerus*
> *Aequidens uniocellatus*
>   Synonym: *Acaronia trimaculata*
> *Aequidens viridis*
>   Synonym: *A. awani, A. guaporensis*

Die *Geophagus*-Verwandten

Acarichthys, Biotodoma, Geophagus, Gymnogeophagus, Satanoperca und *Retroculus*

›Erdfresser‹ nennt man eine Gruppe aus dem Kreis der Geophaginen (*geo* = Erde, *phagos* = Fresser), die in den Gattungen *Geophagus, Gymnogeophagus, Retroculus* und *Satanoperca* zusammengefaßt sind. Da die wenigen Arten der Gattungen *Acarichthys* und *Biotodoma* ähnliche anatomische Merkmale aufweisen, erscheint es richtig, diese Gattungen in den Kreis der Geophaginen mit einzubeziehen. Die Verbreitung der genannten Fische erstreckt sich vom Süden der Kontinentalbrücke (Ostpanama) bis an den Golf von La Plata in Argentinien.

Bereits als Jungfische zeigen die Tiere von *Aequidens patricki* ein interessantes rotbraunes Farbmuster.

Es versteht sich, daß ›Erdfresser‹ sich nicht dadurch ernähren, daß sie Erde fressen. Vielmehr leben sie bevorzugt über weichem, sandigem Grund, den sie mit dem Maul aufnehmen, nach verwertbaren Nahrungspartikeln durchkauen, um ihn dann wieder – teilweise über die Kiemen – auszustoßen. Das Fortpflanzungsverhalten dieser Fische ist derzeit evolutionär in unterschiedlichen Stadien und reicht vom Offenbrüten über Höhlenbrüten bis zu verschiedenen Entwicklungsstadien des Maulbrütens. Man unterscheidet erstens die bekanntere o v o p h i l e und zweitens die l a r v o p h i l e Form. Bei der ersten werden die Eier sofort nach

Abgabe und Befruchtung zur weiteren Entwicklung ins Maul genommen. Bei der zweiten werden nicht die Eier, sondern erst die Larven ins Maul genommen, wenn ihre Entwicklung so weit gediehen ist, daß sie sich von der Eihülle befreit haben und geschlüpft sind. Dies ist somit – temperaturbedingt – erst nach zwei bis drei Tagen der Fall. Beide Eltern beteiligen sich an der Maulbrutpflege.

Außerhalb der Zeit ihrer sexuellen Aktivitäten gelten die Geophaginen als überaus friedliche und soziale Fische, die auch gern in Gruppen zusammenleben. Entsprechend schwach ausgeprägt ist ihr instinktiver Drang, sich an anderen Mitbewohnern und deren Nachkommen zu vergreifen – von winzigkleinen einmal abgesehen. Da alle Erdfresser gern ›baggern‹, soll man in ihren Becken nur solche Pflanzen einsetzen, die sich entsprechend tief mit den Wurzeln im Erdreich verankern. Die Ernährung der Fische macht bei diesen Arten ebensowenig Schwierigkeiten wie bei anderen südamerikanischen Buntbarschen. Dagegen zeigen die Fische sehr bald Unwohlsein an, wenn die Qualität des Wassers nicht mehr stimmt, wenn also der Nitratgehalt zu stark angestiegen ist oder das Basis(Leitungs-)wasser bereits zu hohe Anteile von Schwermetallen, Pestiziden usw. aufweist. Ansonsten sollte das Wasser möglichst weich und leicht sauer sein. Im Rahmen der Überarbeitung der Cichliden Südamerikas kamen auch die *Geophagus*-Verwandten nicht ohne Korrekturen, Umgruppierungen und Neubeschreibungen davon.

Die Gattung *Acarichthys* ist jetzt wieder monotypisch, nachdem die provisorische Zuordnung von *Aequidens geayi* durch KULLANDER mit der Aufstellung der Gattung *Guianacara* und die Überstellung dieser Art in die neue Gattung abgeschlossen wurde (vergleiche Kapitel ›Randzonen Amazoniens‹). Als einzige Art ist *Acarichthys heckelii* zugeordnet, ein Höhlenbrüter, der über weite Weichwassergebiete Amazoniens in strömungsarmen Zonen mit Holzverstecken verbreitet ist. Die schönen Fische werden bis zu 20 cm lang. Für ihre Haltung benötigt man ein Aquarium ab 120 cm Länge, das möglichst mehr Breite als ein Normbecken hat. Für Zuchtversuche wird der Eintrag von Ton oder Kunststoffröhren als Höhlenersatz empfohlen. Die Beleuchtung soll mäßig sein.

Die Gattung *Biotodoma* weist derzeit 2 Arten auf:

  Biotodoma cupido
  Biotodoma wavrini

Die Vertreter der ersten Art dieser jeweils bis zu 15 cm langen Fische sind über weite Gebiete Amazoniens verbreitet und kommen dabei auch in den Gebieten am oberen (peruanischen) Amazonas vor, in dem die Wasserwerte nicht so extrem weich sind. Für *B. wavrini* wird eine Verbreitung im Orinoco, in den kolumbianischen und brasilianischen Nebenflüssen des oberen Rio Negro sowie im kurzläufigen Rio Preto da Eva, der östlich von Manáus in den Amazonas fließt, angegeben. Als optisches Unterscheidungsmerkmal könnte nach verschiedenen Autoren der Seitenfleck in der oberen hinteren Körperhälfte dienen, wodurch die Möglichkeit einer dritten, bisher noch nicht beschriebenen Spezies erkennbar sein soll. KULLANDER (1986) weist diese Hypothese jedoch zurück. Er konnte nach seiner damaligen Studie diese Ansicht nicht teilen und schreibt, daß bei Exemplaren von *B. cupido* der Fleck auf oder oberhalb der Seitenlinie liegt. Bei *B. wavrini* liegt er jedoch darunter. Über das Fortpflanzungsverhalten gibt es noch keine gesicherten Erkenntnisse.

Die Gattung Geophagus, so meint KULLANDER (1986), umfaßt etwa 15 Spezies, von denen viele erst noch einen wissenschaftlichen Namen erhalten müssen. Er erkennt auch *G. altifrons* (Gattungstyp) und *G. megasema* wieder als selbständige Arten an, die HECKEL 1840 – bei der Aufstellung der Gattung – erstmals beschrieb. Ferner wird das Taxon *G. proximus* (CASTELNAU, 1855) aus der Synonymität (von *G. surinamensis*) genommen. In ihrer Arbeit von 1989 legen KULLANDER & NIJSSEN schließlich Erstbeschreibungen für zwei weitere neue Arten vor: *G. brokopondo* und *G. brachybranchus*. Somit umfaßt die Gattung derzeit die folgenden Arten:

Geophagus altifrons
Geophagus brachybranchus
Geophagus brasiliensis
Geophagus brokopondo
Geophagus camopiensis
Geophagus crassilabris
Geophagus harreri
Geophagus megasema
Geophagus pellegrini
Geophagus proximus
Geophagus steindachneri
Geophagus surinamensis

Die Gattung *Gymnogeophagus* wurde 1918 von MIRANDA RIBEIRO aufgestellt und *G. balzanii* zum Gattungstyp ernannt. Die Verbreitung von Vertretern dieser Gattung beschränkt sich, soweit bis heute bekannt ist,

Männchen von *Gymnogeophagus gymnogenys*, aus dem Süden Brasiliens und aus Uruguay.

ausschließlich auf den südlichen Teil des südamerikanischen Subkontinents. Die Pflege dieser Fische im Aquarium entspricht dem vorher Erwähnten. Ihr Fortpflanzungsverhalten ist unterschiedlich. Zu den bereits seit langem bekannten 4 Arten kam mit der Revalidisierung (Wiedergültigmachung) von *G. labiatus* (früher als Synonym von *G. gymnogenys* aufgefaßt) eine weitere Art hinzu. In ihrer Arbeit von 1988 beschrieben schließlich REIS & MALABARBA zwei weitere Arten: *G. meridionalis* und *G. lacustris*, so daß der Gattung jetzt die folgenden Arten angeschlossen sind:

Gymnogeophagus australis
Gymnogeophagus balzanii
Gymnogeophagus gymnogenys
Gymnogeophagus labiatus
Gymnogeophagus lacustris
Gymnogeophagus meridionalis
Gymnogeophagus rhabdotus

Die Gattung *Satanoperca* wurde 1862 von GUENTHER aufgestellt, als dieser HECKELS sieben *Geophagus*-Arten auf zwei weitere Gattungen (*Satanoperca* und *Mesops*) verteilte. Zum Gattungstyp wurde der spitzköpfige *S. daemon* ernannt. Die beiden Gattungen wurden jedoch später wieder eingezogen und als Synonyme

Gymnogeophagus meridionalis (♂). Die Tiere sind fälschlich als *G. rhabdotus* gehandelt worden, der etwas ähnlich aussieht.

zu *Geophagus* gestellt. KULLANDER (1986) hat nun im Rahmen seines Splittings *Satanoperca* wieder den Rang einer selbständigen Gattung zugebilligt und ihr – zusammen mit dem Brasilianer FERREIRA (1988) – die neubeschriebene Art *S. lilith* zugefügt. Der Gattung der ›Teufelsbuntbarsche‹ (von *Satanus* = Teufel und *perca* = Barsch) sind nun folgende Arten zugeordnet:

Satanoperca acuticeps
Satanoperca daemon
Satanoperca jurupari
Satanoperca lilith
Satanoperca leucosticta
Satanoperca pappaterra

Auch in dieser Gattung muß man noch mit der einen oder anderen Neubeschreibung rechnen, wie gesammelte Exemplare beweisen.

Die Gattung *Retroculus* ist nicht neu. Sie wurde bereits im Jahre 1894 von EIGENMANN & BRAY aufgestellt. Die Autoren bestimmten zwar *R. boulengeri* zum Gattungstyp, doch stellte sich bald heraus, daß CASTELNAU die bodennah in strömungsreichen Gewässern lebenden Fische bereits im Jahre 1855 als *Chromys lapidifera* beschrieben hatte. So gilt also heute *Retroculus lapidifer* (das „*a*" fällt aus Gründen der Anpassung an das Geschlecht dieses Gattungsnamens fort) als Gattungstyp.

CASTELNAU nannte seine Beschreibung ›Steinträger‹ (*lapidifer* = Steine tragend), als er davon Kenntnis bekam, daß die Fische zur Zucht ein ›Nest‹ aus kleinen Steinen zusammentragen, in das die Weibchen die Eier abgeben. ›Cará-bicudo‹ nennen die Bewohner am Rio Tocantins und Rio Araguaia diese Fische. Der belgische Ichthyologe GOSSE fügte 1971 noch eine Beschreibung von zwei weiteren Arten an, so daß heute der Gattung 3 Arten angeschlossen sind:

Retroculus lapidifer
Retroculus septentrionalis und
Retroculus xinguensis,

von denen die Mitglieder der ersten aus dem System des Rio Tocantins stammen, die der zweiten bisher nur aus dem Grenzgebiet Brasilien/Französisch Guayana bekannt wurden und die Tiere der dritten, wie ihr Name erkennen läßt, im System des Rio Xingú, einem von Süden in den Amazonas mündenden Klarwasserfluß, vorkommen. Es erscheint, wenn man die verschiedenen weiteren Fundmeldungen berücksichtigt, durchaus möglich, daß es weitere, bisher noch nicht wissenschaftlich beschriebene Spezies gibt.

Auch als bodennah lebende Fische sind die *Retroculus*-Vertreter sehr schnell und dabei überaus wendig. Jeder, der einmal ein Tier hat fangen wollen, kann das bestätigen. Die meiste Zeit hocken sie allerdings auf einem erhöht liegenden flachen Stein und beobachten aufmerksam, was um sie herum vorgeht. Ihren Mitbewohnern gegenüber sind sie sehr friedlich. Sie nehmen vielerlei der einschlägigen Tiefkühlnahrung, darunter vorwiegend Mückenlarven. Werden allerdings kleine Garnelen oder Bachflohkrebse gereicht, lassen sie sich dieses Futter nicht entgehen. Die Nachzucht wird wohl nur in sehr großen Aquarien – etwa ab 160 cm aufwärts – glücken. Die ersten Ansätze sind bekannt, eine erfolgreiche Zucht ist jedoch bisher noch nicht abgeschlossen worden.

Über die Zuchten des ovophilen Maulbrüters *Geophagus steindachneri* sowie des larvophilen Maulbrüters

Die Tiere von *Retroculus lapidifer* sind überaus aufmerksam und werden schnell nervös. Sie leben bodennah in sehr strömungsreichen Biotopen.

Gymnogeophagus gymnogenys wurde in vorausgegangenen Kapiteln kurz berichtet. Als wir von unserer damaligen Reise in den Darién (Ostpanamá) zurückkehrten und junge Tiere des nördlichsten Vertreters der Geophaginen, *Geophagus crassilabris*, mitgebracht hatten (MAYLAND, 1984), war ich gespannt, welchem Fortpflanzungstyp diese Fische angehören würden. Sie entpuppten sich später als ovophile Maulbrüter, also solche, bei denen das Weibchen die Eier sofort nach der Befruchtung ins Maul nimmt. Damit sind diese Fische die am weitesten nach Norden verbreiteten maulbrütenden Cichliden in Amerika, wogegen man wahrscheinlich *Gymnogeophagus balzanii* als den am weitesten südlich vorkommenden ovophil maulbrütenden Cichliden ansehen kann. Ob die Verbreitung des larvophil maulbrütenden *G. gymnogenys* tatsächlich bis zum Rio Santa Lucia im Departamento Canelones, nahe Uruguays Hauptstadt Montevideo am Golf von La Plata reicht, wie Typenmaterial belegen soll (GOSSE), werden künftige Sammlungen zeigen.

Gymnogeophagus meridionalis, eine der erst 1988 beschriebenen Arten der Gattung, gilt, zusammen mit *G. australis*, als ihr derzeit südlichster Vertreter überhaupt. Bei beiden handelt es sich allerdings um Substratbrüter.

Die erfolgreiche Zucht von Arten der Gattung *Biotodoma* gilt auch heute noch als selten. KUHLMANN (1984) verfaßte den ersten Zuchtbericht, aus dem hervorzugehen scheint, daß es sich bei dieser Spezies, deren Artzugehörigkeit nicht genau festzustellen ist, um einen Offenbrüter handeln muß. Das Weibchen legte die Eier (bei rund 18 ° Gesamthärte und 9 ° Karbonathärte!) in einer selber ausgehobenen Grube ab. Nach einigen Paarungsfehlversuchen und einem Wechseln des Partners war die Zucht mit rund 150 Nachkommen erfolgreich.

Zwergcichliden Südamerikas

Apistogramma, Apistogrammoides, Biotoecus, Crenicara, Dicrossus, Microgeophagus, Nannacara, Taeniacara und *Teleocichla*

Über die Zwergcichliden Südamerikas sind bereits mehrere deutschsprachige Bücher geschrieben worden, und jedes stellt die Ansichten seines Autors dar. Durch die vielen Veröffentlichungen im zurückliegenden Jahrzehnt – auch basierend auf Sammelreisen der Aquarianer – konnten Fehler aufgeklärt, bisher unbekannte Spezies entdeckt und neue Arten beschrieben werden. Auch hier war KULLANDER wieder der Wissenschaftler, der im Jahre 1980 mit seiner Arbeit auch die Aquarienfreunde einen großen Schritt weiterbrachte. Für viele von ihnen ging es darum, die Zahl der möglichen Mehrfachbeschreibungen zu klären, die zum Teil auch in deutschen Publikationen ihre Erstbeschreibung erfahren hatten: *Apistogramma wickleri (= A. steindachneri)* 1960; *A. trifasciatum haraldschultzi (= A. trifasciata)* 1960; *A. sweglesi (=* beschrieben nach nur einem 50 mm langen Männchen aus der Umgebung von Leticia/Amazonas; Artzugehörigkeit bisher ungeklärt) 1961; *A. klausewitzi (= A. bitaeniata)* 1962; *A. kleei (= A. bitaeniata)* 1964. Fehler, zum Beispiel durch Übersehen einer bestehenden Gattung, sollte man jedoch niemandem ankreiden – damals weniger als heute. Leider kommt es aber auch im heutigen Zeitalter moderner Kommunikationsmöglichkeiten noch zu ähnlichen Fehlern oder Fehleinschätzungen, wie man beim Lesen in diesem Buch feststellen kann.

Die Vertreter der Gattung *Apistogramma* und *Apisto-grammoides* gehören wohl zu den bekanntesten und beliebtesten Zwergcichliden. Aus ihrem Kreis haben sich besonders die Arten halten können, deren Mitglieder eine gute Portion roter Flossen- oder Körperfarbe mitbringen oder sich haben anzüchten lassen. Zu ihnen gehören die verschiedenen Farbformen von *A. agassizii* aus dem Amazonasgebiet, von denen die Exemplare mit roter Schwanzflosse besonders viele Liebhaber finden. Bei *A. bitaeniata* sorgt dafür eine rotbraune Rückenlängsbinde und bei *A. cacatuoides* aus Perú (Rio Urubamba, Rio Ucayali) sind es die roten, schwarz umranndeten Farbflecke in Rücken- und Schwanzflosse.

Von den Arten aus neueren Beschreibungen fällt eine Gruppe kleiner Cichliden auf, deren Heimat in den Llanos des kolumbianischen Oriente, dem östlichen Tiefland (von der Stadt Villavicencio bis zum Rio Meta), liegt. Ihre markante Rotfärbung im Bereich der oberen und unteren Schwanzflossenzone (dazu noch in der Rückenflosse) ruft besonders dann die Aufmerksamkeit der Apistogrammafreunde hervor, wenn diese Färbung noch durch züchterische Auslese, die Ernährung mit Krebsfutter und schließlich den Rang des Männchens im Aquarium verbessert werden konnte: *A. macmasteri* (mit dem Synonym *A. ornatipinnis*) und *A. viejita* sind die Namen der beiden zum Verwechseln ähnlichen Schönheiten.

Aus dem Llanogebiet zwischen Rio Meta und dem Rio Guaviare kommt ein weiterer, im männlichen Geschlecht etwa 8 bis 10 cm großer Vertreter der Gattung, bei dem die roten Körperfarben im Schwanzstiel und über der Analbasis intensiv leuchten. Das ist besonders dann zu erkennen, wenn die Tiere bei der Balz, beim Kampf um die Rangordnung oder bei Streitereien ums Territorium große Aktivitäten entwickeln: *A. hongsloi.* Nur ranghöchste Tiere können, wie bei den meisten Fischen, ihre intensivsten Farben zeigen. Würden es andere trotzdem wagen, müßte der ›Chef‹ im eigenen Interesse eingreifen.

Der Spitzenplatz auf der Wunschliste vieler gebührt mit Sicherheit dem Bewohner von Schwarzwasserbächen im Umkreis der Ortschaft Colonia Agamos am Rio Ucayali (Terra typica): *A. nijsseni.* Das besondere Merkmal der Männchen ist ihre große gerundete Schwanzflosse mit dem auffälligen orangeroten Saum. Bei dieser Art sind selbst die kleineren Weibchen attraktiv! Sie zeigen zwar einen blasseren Kaudalsaum, dafür aber 3 bis 4 große schwarze, zuweilen grün irisierende Flecke über Kehle, Flankenmitte und Schwanzstiel. Wie so oft im Leben: Schönheit hat ihren Preis, und so gibt es bei der Zucht der Tiere dieser Art zuweilen Probleme, auf die ich in diesem Kapitel noch zurückkomme.

A. trifasciata gehört zu jener Gruppe, die ich einmal als ›Schopf-Zwergcichliden‹ bezeichnen möchte. Bei ihnen sind die ersten Stacheln der Rückenflosse zum Teil stark verlängert. *A. bitaeniata* und *A. cacatuoides* gehören ebenfalls in diese Gruppe, wahrscheinlich auch die Tiere der bisher noch nicht eingeführten Art *A. elisabethae* sowie eine bisher noch unbeschriebene Spezies, deren Vertreter als ›Breitbinden-Apistogramma‹ bekannt wurden. Das Verbreitungsgebiet von *A. trifasciata* ist eine ausgedehnte Region diesseits und jenseits der Wasserscheide zwischen Amazonien (Rio Guaporé) und dem System des Rio Paraguay (Oberlauf) im brasilianischen Staat Mato Grosso sowie in Paraguay. Leider kann man nicht von allen angebotenen Tieren (♂♂)

behaupten, daß sie über einen ›Schopf‹ und darüber hinaus zusätzlich über besonders ausgezogene Flossen verfügen. Diese Wuchsform trifft man nur bei Tieren an, die in äußerst weichem und kräftig saurem Wasser herangewachsen sind.

Von den vorher genannten Arten werden die männlichen Tiere im Durchschnitt bis zu 8 cm lang. Nur die männlichen Exemplare von *A. trifasciata* machen eine Ausnahme und werden kaum größer als 6 cm. Die dazugehörigen Weibchen bleiben in der Größe stets um wenige Zentimeter zurück, und es kann gelegentlich zu Paarbildungen kommen, bei denen die Größenunterschiede zwischen den Partnern extrem sind. Trotzdem entwickeln die kleineren Weibchen auch dann erstaunliche Aktivitäten, wenn es darum geht, sexuell aktiv zu werden.

Zu den Vertretern der Arten, die ihren Lebensraum am weitesten nach Süden verlegt haben, gehört *A. borellii*, früher besser unter dem heutigen Synonym *A. reitzigi* bekannt. Ich konnte kräftigblaue Exemplare in pflanzenbewachsenen Restwassertümpeln in der Umgebung der Schwesterstädte Corrientes und Resistencia (System des Rio Paraná) im Chaco Nordargentiniens sammeln und darauf die üppige, zum Teil segelartig ausgezogene Rückenbeflossung der bis zu 6 cm langen Wildfangtiere (♂♂) bewundern.

Apistogrammoides pucallpaensis, aus der Region um die Stadt Pucallpa am Rio Ucayali in Perú, unterscheidet sich für den Aquarianer im Habitus kaum von den Vertretern der Gattung *Apistogramma*. MEINKEN, der die bis heute monotypisch gebliebene Gattung im Jahre 1965 aufstellte, fand bei diesen bis zu 5 cm langen (♂♂) Tieren jedoch zwei unterschiedliche Merkmale heraus:

Eine weit höhere Zahl von Hartstrahlen (8) in der Afterflosse (normalerweise 3, in einem Ausnahmefall [*A. luelingi*] sind es mehr) sowie ein weiterer Abstand der vorderen Seitenlinie von der Rückenflossenbasis.

Taeniacara candidi ist ein 5,5 bis 6,5 cm lang werdender sehr schlanker Zwergcichlide, der in den früheren Jahren meist als Beifang vom zentralen Amazonien mit anderen kleinen Buntbarschen zu uns kam. MYERS stellte 1935 die bis heute monotypisch gebliebene Gattung auf und beschrieb dazu auch die Art als Gattungstyp. Als Synonym muß *Apistogramma weisei* gelten, ein Jahr später von AHL beschrieben. Es handelt sich im männlichen Geschlecht um sehr schöne Tiere, denen man eine gewisse Empfindlichkeit nachsagt. In sehr weichem, saurem und vor allem nitratarmem warmen Wasser ohne nennenswerte und vor allem stärkere Störenfriede können sich die Tiere gut behaupten. Am günstigsten ist jedoch ihre Pflege in nicht zu großen Artaquarien.
Aus Raumgründen kann hier nicht auf spezielle Ansprüche bei der Fortpflanzung der einzelnen Arten eingegangen werden. Bei allen Zwergcichliden dieser drei Gattungen handelt es sich um Höhlenbrüter, die in ihrem natürlichen strömungsarmen Lebensraum (Restwassertümpel, Bachuferbuchten und ähnlichen Biotopen) bestimmte Ansprüche an den Ökotop (öko = auf die Umwelt bezogen, top = Ort, Gegend) stellen. Das sind im engeren Sinne natürliche Zwischenräume, wie wir sie in Höhlungen oder unter Stämmen umgestürzter Bäume, nahe einer dichten Schwimmpflanzendecke oder andersgearteten Unterständen finden. Höhlen aus Stein, wie wir sie den Fischen in unseren Aquarien

bauen, gibt es in der Natur nur selten. Im natürlichen Lebensraum muß man sich noch das zusätzlich vorhandene dunkle Bodenlaub vorstellen, das wir wiederum im Aquarium nicht haben können. Ein Gewirr von Ästen und Gezweig, wie man es überall am Grund der flachen Gewässer findet, bietet eine zusätzliche Deckung. Große, ausgewachsene und somit routinierte Tiere kann man daher auch weniger gut bei Fangaktionen erbeuten als Jungfische, denen es an Erfahrung noch mangelt. Sie sind es auch, die viel eher den potentiellen Freßfeinden zur Beute werden.

Bei den Zwergcichliden der hier angesprochenen drei Gattungen kümmern sich ausschließlich die weiblichen Tiere um die Betreuung der Brut, während die Männchen vor dem Höhlenversteck die Umgebung bewachen. Während wenige Arten wie *A. borellii* keine hohen Anforderungen an die Weichheit des Wassers stellen, klappt die Zucht bei anderen überhaupt erst in sehr weichem und kräftig saurem Wasser zufriedenstellend (*A. agassizii, A. nijsseni, T. candidi*). Aquarianer berichten von erfolglosen Zuchtversuchen ebenso wie von geglückten Zuchten des *A. nijsseni*, von Fräskopfwürmern (ZENNER, 1989), die große Verluste brachten. Eine Behandlung mit dem Antibiotikum Metronidazol (nur auf tierärztliche Verschreibung – vor Unbefugten schützen), allen Diskusfreunden als hilfreiches Medikament gegen Darmparasiten bekannt, hilft auch hier (INGEBRAND, 1989). Aber auch von (scheinbar) erfolgreichen Zuchten wird berichtet, deren Ausbeute sich in überwiegend gleichgeschlechtlichen Nachkommen präsentiert. Das letzte Phänomen kennen die Züchter auch von Jungfischen anderer Arten und führen seine Ursache auf unterschiedliches Wasser (dGH, dKH und pH) zurück. Ob das eine Erklärung ist, die uns zum Kern des Phänomens führt? Wir müssen noch viel lernen!

Die Gattung *Biotoecus* wurde im Jahre 1903 von EIGEN-MANN & KENNEDY aufgestellt. Bereits 1875 hatte STEINDACHNER mit *Saraca opercularis* für die von ihm beschriebene Art auch eine neue Gattung geschaffen, doch stellte sich heraus, daß der von ihm gewählte Gattungsname ›präokkupiert‹, also bereits für eine andere (Insekten-)Gattung besetzt war. So mußten E. & K. diese Art in die neue Gattung überführen. Der erste Fundort (Terra typica) lag, wie der frühere Gattungsname erkennen läßt, im ›Lago Saracá am Amazonas bei Vila Bela‹. Über hundert Jahre blieben die Tiere dieser Art die einzigen ihrer jeweils zugeordneten Gattung. 1985 entdeckte Heiko Bleher die Tiere in meinem Beisein wieder in der Nähe der Insel Silves am Amazonas (MAYLAND, 1988). Im Jahr 1989 beschrieb KULLANDER nun auch die zweite Art, *B. dicentrarchus*, aus dem System des Orinoco, der zum großen Teil die Grenze zwischen Kolumbien und Venezuela bildet. Somit sind der Gattung nun die beiden folgenden Arten angeschlossen:

    Biotoecus dicentrarchus und
    Biotoecus opercularis,

von denen die jüngstbeschriebene bis heute aquaristisch noch unbekannt geblieben ist.

Biotoecus opercularis konnte nach der Wiederentdeckung von 1985 später auch in der Umgebung von Santarém gezielt gesammelt und nach Europa gebracht werden. Frühere Überlegungen, daß es sich bei den scheuen Tieren dieser Art um einen kleinen Maulbrüter handeln könnte, wurden nun durch verschiedene Nach-

Biotoecus opercularis (Paar) zeigt nicht die Farbenpracht einiger seiner *Apistogramma*-Verwandten.

zuchten widerlegt, bei denen sich die Tiere als Höhlen-brüter entpuppten, wobei die Weibchen ihr Gelege an die Höhlendecke heften und dann, nach Art der vorher angesprochenen Zwergcichliden, allein die Brut betreuen. Bei der Balz mit einer laichreifen Partnerin umschwimmt sie das Männchen mit weit gespannten Flossen und reißt dabei sein kleines Mäulchen weit auf. KILIAN (1989) berichtet, daß die Tiere vor dem Laichen „einen vier bis fünf Zentimeter breiten Graben in einem Abstand von etwa 20 Zentimetern um ihren Höhlenein-gang herum" anlegen, wobei das Männchen mit nach unten ›geklapptem‹ Maul diese Arbeiten beginnt und

127

später vom Weibchen dabei unterstützt wird. „Erst wenn der Graben fertiggestellt ist, laichen die Fische in der Höhle (zum Beispiel einem Blumentopf) ab."

Bei einer Temperatur um 28 °C schlüpfen die Larven nach rund 3 Tagen und brauchen noch weitere 5 Tage zur weiteren Entwicklung zum fertigen, nun freischwimmenden Jungfisch. Die Fischchen sind in den ersten Lebenstagen noch so klein, daß ihre Mäulchen anfangs keine Artemianauplien aufnehmen können und mit noch feinerer Nahrung gefüttert werden müssen.

Die Gattungen *Crenicara* und *Dicrossus* sind heute, nach der vorerst formlosen Überführung von *C. maculatum* und *C. filamentosum* in die letztgenannte Gattung (KULLANDER, 1990), beide wieder selbständig. Der Autor läßt zwar offen, ob er in einer kommenden Arbeit für die Gattung *Dicrossus* „generic or subgeneric level" (Status als Gattung oder Untergattung) einführen will, wendet demgegenüber aber bereits beide Gattungsnamen an. *Crenicara* bleibt vorerst monotypisch, und nur der Gattungstyp *C. puntulatum* ist geblieben. Wie bereits in einem vorausgegangenen Kapitel erwähnt, muß man KULLANDERs (1990) Ansicht beipflichten, für diese Tiere von so unterschiedlichen Körperformen wieder die Gattungen einzuführen, die bereits STEINDACHNER 1875 eingeführt hat: *Crenicara* und *Dicrossus*. In seiner Arbeit von 1986 (Seite 140) klärt KULLANDER im übrigen auch die Frage nach dem Geschlecht des Gattungsnamens *Crenicara*, das nicht, wie seit der Revision von REGAN (1905) fälschlich verwendet, femininum, sondern neutrum ist. Folglich muß bei der adjektiven Form des Artnamens dieser nicht mit „*a*", sondern mit „*um*" enden.

Die beiden Gattungen verfügen somit über die folgenden Arten:

Crenicara punctulatum
Dicrossus filamentosus
Dicrossus maculatus

<u>*Crenicara punctulatum*</u> ist aquaristisch nicht weit ver-
breitet, stellt aber trotzdem eine interessante relativ
kleinbleibende Buntbarschart dar, deren männliche
Mitglieder etwa bis zu 12 cm lang und die weiblichen bis
8 cm lang werden können. Unter ihrem Synonym
Aequidens hercules ALLEN, 1942 machten die Tiere
nach dem letzten Krieg schon einmal eine von vielen
unbeachtete aquaristische Karriere. Die Tiere sind im
Amazonasbecken weit verbreitet, wo sie (KULLANDER,
1986) entlang des Rio Ucayali und des Rio Marañon, im
Unterlauf des Rio Iça, im Oberlauf des Rio Madeira,
nahe der Amazonasmündung sowie auch im Rio Essequibo in Guyana gefunden wurden. Ihre Zucht im
Aquarium ist nicht schwer. Die Männchen sind poly-
gam, können also mit mehreren Weibchen (harembil-
dend) zusammengeführt werden. Laichbereite Weibchen sondern sich ab und machen das Männchen auf
diese Tatsache aufmerksam, so daß das Tier jetzt eine
besondere Beachtung erfährt und der kommende Partner mit fortschreitender Harmonisierung ein Revier
abgrenzt, worauf das Weibchen durch intensives Putzen
den Laichplatz bestimmt. Bei diesem Substratbrüter ist
es meist ein Blatt, seltener ein Stein. Wenn die befruch-
teten Eier gepflegt werden müssen, vertreibt das grau-
gefärbte Weibchen seinen Partner und kann nach rund
3 Tagen die Larven von der Eihülle befreien. Die
Gelege können einen unterschiedlichen Umfang haben:
von etwa 30 bis 120 oder gar 150 Eiern. Das Männchen

Dicrossus maculatus (Paar) ist in der Haltung nicht einfach. Paßt ihnen das Aquarienmilieu nicht, versuchen sie zu entweichen.

ist für seine Brutpartnerin jetzt uninteressant geworden – nicht jedoch für andere Weibchen, falls sie sich im Aquarium befinden und der Raum weitere Revierabgrenzungen zuläßt. Nach – temperaturbedingt – 6 bis 7 Tagen haben sich die Larven zu schwimmfertigen Jungfischen weiterentwickelt.

OHM (1980) berichtet davon, daß jüngere, aber auch ältere Fische eine Geschlechtsumwandlung durchmachen, wobei sich Weibchen zu Männchen verändern. „Geschlechtsumwandlung scheint bei dieser Buntbarschart allerdings nicht nur durch soziale Überlegen-

Crenicara punctulatum (♂) können bis zu 12 cm lang werden!
Männchen von *Nannacara aureocephalus*.

heit verursacht zu werden. Nach dem zweiten Lebensjahr sind in bisher 15 Gruppen weitere Umwandlungen von Weibchen zu Männchen beobachtet worden. Diese Tiere haben im Harem zuvor als funktionelle Weibchen agiert und Nachzucht gehabt...."

Dicrossus filamentosus, der bekanntere der beiden schlanken ›Schachbrettcichliden‹, wurde erst 1958 von LADIGES beschrieben. Bei Tieren dieser Art werden die Männchen 8 bis 9, die Weibchen knapp 6 cm lang. Als ihren Lebensraum lernte ich bereits vor über 15 Jahren ein Gebiet zwischen Kolumbien und Venezuela kennen, dort, wo der große Rio Orinoco die Grenze zwischen beiden Staaten bildet und die meisten größeren Zuflüsse, von Westen kommend, aufnimmt. In diesen Gewässern von kaum feststellbarer Härte (<1 °dH – ein µS-Wert konnte von einem elektronischen Gerät nicht ermittelt werden! Vergleiche MAYLAND, 1988) und an vielen Stellen extrem sauren pH-Wert (5,0 oder noch darunter – auch Rote Neonfische kommen hier vor), fanden wir auch den Zwergcichliden, der später als *Apistogramma hongsloi* beschrieben wurde. Vom Vorkommen am oberen Amazonas in Perú, von dem LADIGES' Typenmaterial stammen soll, erwähnt KULLANDER in seiner Arbeit von 1986 nichts.

So ist es keineswegs erstaunlich, daß die Zucht von *D. filamentosus* nicht zu den leichten Übungen gehört. So extrem, wie vorher angegeben, muß das Aquarienwasser nicht sein, aber trotzdem: Man soll das Lebenselement der Tiere so weich und sauer wie möglich halten – 5,5 pH sollten es schon sein! Auch bei Weibchen dieser Art handelt es sich um Substratlaicher, die an die 100 Eier (oder mehr) bevorzugt auf ein horizontal oder leicht schräg anstehendes Blatt abgeben. Nach der

Befruchtung übernimmt das Weibchen allein die Brutpflege und duldet den Partner nicht mehr in seiner
Nähe. Erscheinen dem Weibchen die Brutverhältnisse
als nicht zufriedenstellend, wird das Gelege in den
nächsten Stunden aufgefressen. Im günstigeren Fall
wird die Brut fortgesetzt, und bei 28 bis 29 °C Wasserwärme befreien sich die Larven nach 2 bis 3 Tagen aus
den Eihüllen. Nach weiteren 4 Tagen ist dann deren
Weiterentwicklung soweit fortgeschritten, daß die Jungfische nun freischwimmen und ihre erste selbstgesuchte
Nahrung (Artemia-Nauplien usw.) aufnehmen können.
Die Fürsorge der Mutter erlischt in den meisten Fällen
bereits nach kurzer Zeit, was sich dann als gefährlich
erweist, wenn die Jungfische gefährdet sind.
Mit *Dicrossus maculatus* stellt sich ein weiterer kleiner
Schachbrettcichlide vor, dessen Männchen sich jedoch
durch die gerundete, am hinteren Ende spitz zulaufende
Schwanzflosse leicht von der zweizipfelig ausgezogenen
des vorgenannten unterscheiden lassen. Die Tiere stammen aus verschiedenen Regionen Zentralamazoniens.
Für die Herkunft des Typenmaterials von STEINDACH-
NER werden angegeben: Lago Máximo, Lago José Assu,
Tocantins, Rio Javari und Rio Tajapun. Die heute
wieder eingeführten Tiere stammen aus der weiteren
Umgebung um die Stadt Santarém am Rio Tapajós. In
den Lebensräumen dieser Tiere sind die Wasserverhält-
nisse nicht so extrem, was sich auch auf die Zuchtbedin-
gungen auswirkt. Sie möchten trotzdem ein möglichst
weiches und saures Wasser, so daß auch für diese Zucht
ein pH-Wert unter 6,0 empfohlen wird. Die Zucht spielt
sich im wesentlichen ähnlich der vorher geschilderten
ab, wobei auch die Eier vom Weibchen nach Möglichkeit auf ein Pflanzenblatt abgegeben werden.

Die Gattung *Microgeophagus*. Dieser manchen neu erscheinende Gattungsname ist deshalb von der Nomenklaturkommission anstelle des inzwischen verbreiteten, von KULLANDER 1977 aufgestellten Gattungsnamens *Papiliochromis* eingesetzt worden, weil die Verwendung des von FREY im Jahre 1957 erstmals benutzten Namens *Microgeophagus* die Ansprüche der Regeln erfüllte und somit n i c h t als Trivialname anzusehen ist. In diese Gattung sind jetzt die beiden Arten

Microgeophagus altispinosus und
Microgeophagus ramirezi

eingegliedert.

Im Gegensatz zu den höhlenbrütenden Zwergcichliden der Gattung *Apistogramma* oder zu den meist auf Blättern laichenden Vertretern der Gattung *Crenicara*, zu denen man die Arten früher gestellt hatte, geben die Weibchen der hier angesprochenen Arten ihre Eier in vorher ausgebuddelten Sandgruben oder auf flachen Steinen ab, wie im Kapitel über die Fische in Kolumbien und Venezuela ausführlich nachzulesen ist.

Microgeophagus altispinosus, früher zuweilen als ›Bolivien-Ramirezi‹ geführt, lebt weit entfernt von seinem venezuelanischen Verwandten und stammt aus einem Gebiet im Becken des Rio Mamoré im Nordosten von Bolivien, das noch zu Amazonien gerechnet wird.

Das Fortpflanzungsverhalten ist dem von *M. ramirezi* ähnlich: Zuerst wird gebuddelt und später meist auf einer flachen Steinplatte gelaicht und befruchtet. Die männlichen Tiere dieser Art erreichen eine Länge von knapp 10 cm (Weibchen bleiben etwas kleiner) und werden somit 2 bis 3 cm größer als ihre Ramirezi-Verwandten. Die maximale Zahl der weißlichen Eier im Gelege ist mit etwa 500 bei beiden Arten gleich. Bei 27 bis 28 °C befreien sich die orangefarbenen Larven nach rund 2 Tagen. Oft helfen beide Eltern dabei. Sie werden sofort – wie auch im weiteren Verlauf der folgenden Entwicklungstage mehrmals – von den Eltern umgebettet und weiter fächelnd betreut, bis die Entwicklung nach knapp 4 Tagen soweit fortgeschritten ist, daß die Jungfische freischwimmen und sich selbst ihre Nahrung suchen. Artemia-Nauplien und gesiebte Cyclops können als erstes Futter gelten.

Die Gattung *Nannacara* umfaßt derzeit 3 Arten, nämlich:

Nannacara anomala
Nannacara aureocephalus
Nannacara taenia.

Die beiden ersten der hier genannten Arten stammen aus den Guayana-Ländern, während die Herkunft des nur 5 cm groß werdenden *N. taenia* in REGANs Erstbeschreibung von 1912 als ›aus dem Amazonasgebiet‹ stammend angegeben wird. KULLANDER faßte das Taxon in seiner Arbeit von 1983 noch als Synonym von *N. anomala* auf. Die heute gelegentlich wieder eingeführten Tiere, deren erster Import bereits 1911 von Siggelkow in Hamburg vorgenommen wurde, stammen aus der Umgebung der an der Amazonasmündung gelegenen Stadt Belém. Über die Zucht von *N. anomala* wird in einem anderen Buch der Reihe (MAYLAND, »Mein kleines Aquarium«) berichtet.

Nannacara aureocephalus, der ›Goldkopf-Zwergbuntbarsch‹, unterscheidet sich deutlich von seinem derzeit noch bekannteren Verwandten *N. anomala*. Vor allem werden bei den Goldköpfen die Männchen mit 10 bis 12 cm um etwa 2 bis 4 cm größer und können dann eigentlich schon nicht mehr als Zwerge unter den Cichliden angesehen werden. In der Heimat der Tiere, in Französisch Guayana, ist das Wasser sehr weich und zum Teil auch kräftig sauer. Man trifft die Fische dort hauptsächlich im Bodenlaub vieler träge fließender Kleingewässer an, die nur geringe Tiefe haben. Sie leben dort so versteckt, und es wundert nicht, daß die Spezies so lange unbekannt geblieben ist.

Inzwischen sind auch viele Zuchten von Tieren dieser Art gelungen. Dabei kommt der Umstand, daß sich diese Cichliden fast jeder Aquariengesellschaft anpassen, ihrer einfachen Vermehrung zugute, wenngleich ein Züchter normalerweise eine Haltung im Artbecken vorzieht. Dazu kann bereits ein kleines Aquarium von 60 cm Länge ausreichen, aber mehr ist allemal besser! Verschieden große Verstecke können dem Weibchen helfen, sich zurückzuziehen, wenn es noch nicht laichbereit ist. Besondere Aggressionen von Seiten des Männchens konnten nicht festgestellt werden. Das Einbringen von weichem und leicht saurem Wasser erklärt sich bereits aus den Anmerkungen, die für dieses Medium im natürlichen Lebensraum gemacht wurden.

Im Brutkleid nehmen die Weibchen eine leichte Schachbrettmusterung in der oberen Körperhälfte an. Als Substrat für die mit der Querseite angehefteten leicht braunen Laichkörner wird meist die senkrecht stehende Wand einer Höhle oder eines ähnlichen Unterstandes gewählt. Um die Brut kümmert sich ausschließlich die Mutter! Der Partner tut gut daran, sich spätestens nach dem Freischwimmen der Jungen in die äußerste Ecke des Aquariums zurückzuziehen. In einem Zuchtaquarium ohne Brutfeinde ist er nach der Eibefruchtung ohnehin ein Störfaktor und sollte aus dem Becken gefangen werden. Es kann bei jüngeren Weibchen zum Eierfressen kommen – man braucht Geduld. Sind die Larven nach etwa 3 Tagen geschlüpft, werden sie von der Mutter umgebettet und dabei mit Hilfe eines Haftfadens am Kopf meist wieder an ein überhängendes steinernes Substrat gehängt sowie zur weiteren Entwicklung betreut und befächelt. Ist rund 10 bis 12 Tage nach dem Ablaichen (temperaturbedingt) diese Entwicklung vollzogen, schwimmen die Jungfische frei und werden nun von der stolzen Mutter zur ersten Nahrungsaufnahme aus dem Versteck geführt. Artemia-Nauplien können als erste Nahrung gereicht werden.

Nannacara taenia, der von einigen Autoren für nicht existent gehaltene Zwergbuntbarsch hat seit einigen wenigen Jahren eine nicht erwartete Auferstehung erfahren. Die nur 5 cm lang (♂♂) werdenden Tiere zeigen ein Muster aus rostroten und gezackten Längsstreifen, deren mittlerer stark verdickt ist und in seinem Zentrum noch dunkler erscheint (Foto Seite 138). Sie sind also gut von den beiden übrigen Gattungsverwandten zu unterscheiden. Halbwüchsige und erwachsene Männchen kann man an der im rückwärtigen Teil ausgezipfelten Rückenflosse erkennen. Sie ist an dieser Stelle bei weiblichen Tieren gerundet. Wenn sich ein Paar zur Zucht entschließt (vergleiche *N. aureocephalus*), wird ein höhlenartiger Unterstand als Brutplatz gewählt. Von Züchtern wird berichtet, daß bei dieser Art die Männchen in der Nähe des Brutplatzes und sogar in der Bruthöhle geduldet werden, doch bleibt das Weibchen nach wie vor bei der Brutpflege dominant. Nach dem Freischwimmen der Jungfische beteiligen sich beide Eltern am Behüten der Nachkommen und führen sie abwechselnd zur Nahrungsaufnahme umher.

Nannacara taenia. Ein etwa 2 bis 3 cm langes Männchen.

Die Gattung *Teleocichla*. Als große Räuber sind den meisten Aquarianern die Vertreter der Gattung *Cichla* und als ›Hechtcichliden‹ oder ›Kammbuntbarsche‹ die auch zum Teil recht groß werdenden Mitglieder der Gattung *Crenicichla* bekannt. Im Jahre 1988 stellte nun KULLANDER die Gattung *Teleocichla* auf, in die der Wissenschaftler sogleich sechs erstbeschriebene Arten aus derselben Arbeit plazieren konnte. Der Autor bezeichnet die zu dieser Gattung gestellten Fische als ›rheophil‹, was bedeutet, daß sie bevorzugt in kräftig strömendem Wasser leben, wie wir das auch von den inzwischen eingeführten Vertretern der Gattung *Retroculus* kennen.

Das Bestimmungsmaterial für diese neuen Arten ›schlummerte‹ bereits seit über 20 Jahren im belgischen ›Institut Royal des Sciences Naturelles‹ in Brüssel. Im Jahre 1964 sammelten König Leopold III. von Belgien und der belgische Ichthyologe Jean-Pierre Gosse die Tiere am oberen Rio Xingú/Bundesstaat Mato Grosso, im Bereich der Von-Martius-Stromschnellen*, präparierten und hinterlegten sie. Dazu kamen weitere Spezies aus anderen Flüssen, die im südamazonischen Hochland entspringen (Rio Tapajós [São Luis nahe bei Itaituba], Leg. M. Goulding**, Rio Tocantins [Tucuruí], Leg. F. Ferreira***). Es wurden beschrieben:

*Teleocichla centrarchus** (Gattungstyp)
*Teleocichla cinderella****
*Teleocichla gephyrogramma**
*Teleocichla monogramma**
*Teleocichla prionogenys***
*Teleocichla proselytus***

Exemplare einiger Arten konnten inzwischen durch Aquarianerinitiative nach Europa gebracht werden. Wie bei ihren *Crenicichla*-Verwandten ist auch ihr Körper langgestreckt. Der Kopf läuft spitz zu, doch ist das kleine Maul nicht tiefgespalten, wie man das von den größer werdenden, räuberischen Arten verwandter Gattungen kennt. Diese Fische gehören zu den ›Nahrungspickern‹. Wie viele Cichliden, sind auch sie untereinander so aggressiv, daß beim Zusammensetzen im Aquarium oder bereits beim Packen in den Transportbeutel größere Vorsicht geboten ist. Über eine längerzeitige aquaristische Haltung liegen bei der Manuskripterstellung noch keine gesicherten Informationen vor.

Bekannte Vertreter
der übrigen Gattungen

Acaronia, Astronotus, Caquetaia,
Chaetobranchopsis, Chaetobranchus,
Crenicichla, Heros, Hoplarchus, Hypselecara,
Mesonauta, Pterophyllum,
Symphysodon und *Uaru*

In der Aquaristik ist eine Zahl von Fischen bekannt, deren Vertreter allein oder nur mit wenigen Arten in ihrer Gattung vertreten sind. So kennen wir

von *Acaronia* das im Alter so großflossige Reusenmaul,

von *Astronotus* die verschieden gefärbten Pfauenaugenbuntbarsche,

von *Caquetaia* den Glänzenden Rotkehlbuntbarsch und zwei weitere spitzköpfige Räuber,

von *Chaetobranchopsis* und *Chaetobranchus* den Gold- und den Vierbandcichliden,

von *Crenicara* die gestreckten Kammbuntbarsche oder Hechtcichliden,

von *Heros* den altbekannten Augenfleckbuntbarsch,

von *Hoplarchus* den groß und bullig werdenden Papageibuntbarsch,

von der neu aufgestellten Gattung *Hypselecara* den Großkopf- und den Smaragdbuntbarsch,

von *Mesonauta* die Flaggenbuntbarsche,

von *Pterophyllum* die hochflossigen Skalare,

von *Symphysodon* die beiden wunderschönen Diskusfischarten sowie

von *Uaru* den altbekannten und den jetzt neu hinzugekommenen Keilfleckbuntbarsch.

Die meisten von ihnen haben als Aquarienfische in größeren Becken bereits Zuchterfolge vorzuweisen, und eine größere Zahl ist bereits aus älterer Literatur bekannt, so daß ich mich hier auf wenige Angaben beschränken kann.

Die Gattung *Acaronia* gilt für viele als monotypisch, ist es aber nicht! Alle eingeführten Spezies werden als *A. nassa* gehandelt, eine Art, die auch mit dem deutschen Namen ›Reusenmaul‹ belegt ist. Nachdem die Beschreibung von *A. trimaculata* als Synonym erkannt wurde (KULLANDER, 1986), gilt *A. rondoni* (RIBEIRO, 1918) nach wie vor als ›gute‹ Art, als deren Terra typica der Rio do Sangue angegeben ist. Dazu kommt eine neue Art, die erst im Jahre 1989 von KULLANDER aus den Systemen des Orinoco und des Rio Negro beschrieben worden ist: *Acaronia vultuosa* (Foto Seite 143). Die Übersetzung des Artnamens (» . . . mit intensiver Mimik«) weist auf die auffällige und unübersehbare Kopfzeichnung hin, welche die Tiere deutlich von den bekannteren Verwandten unterscheidet.

Acaronia nassa, das ›Reusenmaul‹ (von *nassa* [griech.] = Fischreuse), kommt in weiten Teilen Amazoniens vor, im Westen von der peruanischen Provinz Loreto (Ucayali) bis zur Mündung des Amazonas, darüber hinaus aber auch in der Orinoco- und Guayana-Region. Die Tiere können im Durchschnitt 20 bis 25 cm lang werden, wachsen aber nach meinen Feststellungen auch in großen Becken langsam und dann nur selten über 15 cm hinaus. Mit 8 bis 10 cm werden die Tiere bereits geschlechtsreif. Da sie jedoch als meist dämmerungsaktive und verstecksüchtige Fischfresser einen räuberisches Leben als Einzelgänger führen, ist eine Paarbildung im Aquarium nicht einfach. Höhlen, welche die Tiere als ständiges Domizil nutzen, können dabei helfen. Über die Fortpflanzung liegen mir keine Berichte vor.

Die Gattung *Astronotus* und ihre ›Oskars‹ sind den meisten Aquarianer wohlbekannt. Sie gilt vielen als monotypisch, aber das war und das ist sie nicht! Obgleich KULLANDER in verschiedenen Arbeiten (s. 1986) *A. hypostictus* COPE und *A. compressus* COPE zu Synonymen erklärt, läßt er *A. crassipinnis* HECKEL (Mato Grosso, Rio Negro, Rio Branco) gelten. Der Status weiterer Namen (*A. orbiculatus, A. zebra*) ist unklar.

Astronotus ocellatus wurde bereits 1829 als *Lobotes o.* von CUVIER beschrieben. Die frühe Beschreibung ist kein Wunder, denn man sieht die Fische auf vielen Märkten des tropischen Südamerikas und sie gehen bei vielen Fängen als stattliche Nutzfische ins Netz. Der ursprüngliche deutsche Name ›Pfauenaugenbuntbarsch‹ wird heute oft durch den aus Nordamerika übernommenen Namen ›Oskar‹ ersetzt. Obgleich die Tiere über 30 cm lang werden können, sollte man ihre in Aquarien erreichte Länge von 20 bis 24 cm für durchschnittlich ansehen. Meist werden die wunderschön gemusterten Jungfische aus diesen optischen Gründen von Aquarianern erworben, ohne zu wissen, daß sie einmal so groß und kräftig werden können. Nun, bis es soweit ist, kann noch einige Zeit des großen Appetits vergehen, und die Nahrung muß mit der Größe der Tiere schritthalten: Sind die Fische dem Jugendstadium entwachsen, können sie nicht mehr mit Mückenlarven oder gar Flockenfutter ernährt werden! Sie brauchen kräftige, fleischli-

Acaronia vultuosa mit unverwechselbarer Kopfzeichnung, wie der Artname besagt.

che Kost. Es gibt in ihrem Wachstum eine Phase, in der sie bei guter Fütterung in einem Monat mehrere Zentimeter an Länge zunehmen.

Pfauenaugenbuntbarsche bietet der Handel in verschiedenen Farbvarianten an. Darunter gibt es auch Nachzuchten, bei denen die roten Farbtöne Grund zur Auslese waren, und den Tieren zu kräftiger rostroter Färbung verhalfen (›Rote Oskars‹). Die Haltung der jüngerer Tiere sollte in Aquarien beginnen, die mindestens 80 cm lang sind. Spätestens, wenn die Fische eine Länge von 10 bis 12 cm erreicht haben, ist dieses Becken für sie zu klein, und jetzt muß man sie in ein doppelt so großes Aquarium umsetzen und darf ihnen bei der Auswahl der Mitbewohner keine kleineren, körperlich schwächeren Tiere beigeben. Wird es den Cichliden zu eng, können sie sehr unverträglich und aggressiv werden – eine dominante Rolle spielen sie ohnehin immer.

Die großen marmorierten Buntbarsche gehören zu den Offenbrütern. Ihre geschlechtliche Unterscheidung ist nicht einfach. Das Weibchen gibt nach einiger Buddelei und temperamentvoller Balz in kreisförmiger Bewegung ein Gelege von 600 bis 1 000 Eiern (je nach Alter und Größe) auf einem flachen Stein ab. Nach rund 2 Tagen befreien sich die Larven aus den Eihüllen und werden von den Eltern in eine Grube umgebettet, wo sie bis zum Freischwimmen noch ein paar Tage der weiteren Entwicklung aushalten müssen. Die Aufzucht der Jungfische bereitet keine Schwierigkeiten.

Ob man *Caquetaia* als Gattung oder Untergattung von *Cichlasoma* ansieht, bleibt dahingestellt. In seiner Arbeit von 1983 faßte sie KULLANDER offenbar ebenso als selbständige Gattung auf wie *Mesonauta, Hoplarchus* oder die später (1986) aufgestellte *Hypselecara*, gegen deren Status es kaum Widerspruch gibt. Zu den drei Arten, die der erwähnte Autor zu diesem von FOWLER (1945) aufgestellten Taxon rechnet (Gattungstyp *C. myersi*), gehören:

> *Caquetaia kraussi*
> *Caquetaia myersi*
> *Caquetaia spectabilis*

Bei den Tieren dieser Arten handelt es sich um robuste, spitzköpfige Fischfresser, wie wir sie mit *Petenia splendida* aus Mittelamerika kennen. Mit Ausnahme von

C. myersi sind Tiere der Arten eingeführt und auch in großen Aquarien bereits als Offenbrüter zur Nachzucht gebracht worden. Ihre Haltung ist wegen der nicht nur innerartlichen Aggression nicht einfach. Männliche Tiere werden größer als die weiblichen und können eine Länge zwischen 20 und 25 cm erreichen.

Die Vertreter der Gattungen *Chaetobranchus* und *Chaetobranchopsis* sind als Aquarienfische bisher nicht besonders in Erscheinung getreten. Die in der ersten Gattung (1840 von HECKEL aufgestellt) zusammengefaßten beiden Arten

Chaetobranchus flavescens (Gattungstyp) und
C. semifasciatus

sind über Amazonien und das System des Orinoco verbreitet. Die zweite Gattung (aufgestellt 1875 von STEINDACHNER) faßt die drei folgenden Arten zusammen:

Chaetobranchopsis australis
Chaetobranchopsis bitaeniatus
Chaetobranchopsis orbicularis (Gattungstyp)

Bekannteste und gelegentlich in geringen Zahlen eingeführte Art ist der 1936 von AHL beschriebene *C. bitaeniatus*. Die Tiere lassen sich gut an den beiden dunklen Körperlängsbinden erkennen. Zusammen mit *C. orbicularis* kommen sie im Amazonasbecken vor. Die Vertreter der dritten Art, *C. australis*, leben, wie ihr Name erkennen läßt (*australis* = südlich vorkommend), weiter im Süden des Subkontinents, im System des Rio Paraná. Die Kleinpartikelfresser erreichen eine durchschnittliche Länge bis 20 cm. Sie sind nach meinen Informationen im Aquarium bisher noch nicht zur Nachzucht gebracht worden.

In der Gattung *Crenicichla* (von der *Batrachops* inzwischen ein Synonym ist [KULLANDER, 1986]) sind schlanke gestreckte ›Kamm- oder Hechtbuntbarsche‹ zusammengefaßt, deren Artenzahl in der letzten Zeit durch die Zusammenlegung sowie zahlreiche Neubeschreibungen angewachsen ist. Die Vertreter dieser großmäuligen Räuber sind über weite Teile Südamerikas verbreitet, haben aber in der Aquaristik bisher nur einen begrenzten Freundeskreis gewinnen können. Neben den großen, im Durchschnitt 20 bis 30 cm lang werden Arten gibt es andere, welche die 20-cm-Grenze nicht überschreiten. Vertreter einer dritten Gruppe könnte man als Zwerge bezeichnen, doch gibt es auch unter ihnen Tiere, die etwas mehr als 10 cm lang werden können. Auch sie führen eine räuberische Lebensweise, wie man am tiefgeschnittenen Maul (Foto) erkennen kann. Bekannteste Arten aus der Gruppe dieser kleinerbleibenden Tiere sind:

Crenicichla nanus
Crenicichla notophthalmus
Crenicichla wallacii

Die Gattung *Heros* hat durch die verschiedenen Arbeiten von KULLANDER (1983, 1986) wieder Gültigkeit erlangt. Neben dem Gattungstyp *H. severus*, über den bereits im Kapitel über ›Das große Becken‹ berichtet wurde, machte der Autor mit einer Neubeschreibung auch die vorher synonymisierte Art *H. appendiculatus* CASTELNAU, 1855 wieder gültig. Ihre Vertreter müssen unter diesem Namen aquaristisch allerdings erst noch bekannt werden. Dabei herrscht bei vielen Aquarianern Unsicherheit, welche der verschiedenen Farbformen zu welcher Art zu rechnen ist.

Crenicichla notophthalmus. Weibchen mit auffälligem Dorsalfleck.

Die Gattung *Hoplarchus* wurde im Jahre 1860 von KAUP aufgestellt und als Gattungstyp *H. pentacanthus* festgelegt. Eine Art, die längst als Synonym von *H. psittacus* HECKEL, 1840 angesehen, bisher aber der Gattung *Cichlasoma* zugeordnet wurde. Im Rahmen seiner Aufteilung dieser letzten Gattung (1983) machte KULLANDER den Namen wieder gültig. *Hoplarchus* ist monotypisch (vergleiche auch Kapitel ›Kolumbien und Venezuela‹). Die mehr als 30 cm lang werdenden Buntbarsche werden selten eingeführt, entsprechend wenig (im Endstadium meist nur in Schauaquarien) gepflegt und kaum nachgezüchtet.

Die Gattung *Hypselecara* wurde erst 1986 von KULLANDER aufgestellt und *H. temporalis* (Synonyme *Cichla-*

soma crassum und *C. hellabrunni*) zum Gattungstyp erklärt. Als zweite Art wurde der Gattung *H. coryphaenoides* (Synonyme *H. niger* und *Cichlasoma [Chuco] axelrodi*) zugeordnet.

Hypselecara coryphaenoides ist als ›Großkopf- oder Dickkopfbuntbarsch‹ in der Aquaristik bekannt. Junge, etwa 5 bis 8 cm lange Tiere sind noch mausgrau bis schwarz und zeigen eine kräftiggelbe Zone über dem Rücken. Erwachsene Tiere färben sich um und tragen dann eine rötlichlehmbeige Grundfärbung und der Körper erscheint dazu wie rußig gepudert. Die Augen leuchten rot und der Stirnbuckel ist bei erwachsenen Männchen unübersehbar. Je nach Stimmung wird ein vertikaler schwarzer Fleck über der Flankenmitte und am Ende des Schwanzstieles gezeigt. Die Tiere können in großen Aquarien eine Länge von 25 cm und mehr erreichen, doch dauert das ein paar Jahre. Die Paarbildung ist bei diesen meist ruhigen Tieren nicht einfach und läßt nur gelegentlich ihr Temperament aufblitzen. Im Balz- und Brutkleid nehmen die Tiere wieder eine Färbung an, wie sie vorher für die Jungtiere geschildert wurde. Gelaicht wird bevorzugt an der Wand eines Unterstandes oder an einem glatten, aufragenden Stamm. Sind die Jungfische schließlich geschlüpft, erweisen sich die Eltern als etwas ›schusselig‹ und jungfischfressenden Störenfrieden gegenüber schwerfällig, so daß sie den einen oder anderen ihrer Nachkommen verlieren.

Hypselecara temporalis trägt den schönen deutschen Namen ›Smaragdbuntbarsch‹, den die meisten Tiere auch dann verdienen, wenn sie sich im Aquarium zuweilen wild gebärden: Aussehen und Verhalten sind bekanntlich zweierlei. Die Tiere werden kaum größer als 20 cm (dafür aber ziemlich hochrückig) und sind auf vielen schönen Fotos häufig abgebildet. Ihre grüngelbe oder smaragdgrüne Färbung über der Körpermitte wird von den bordeauxroten unpaaren und den ebenso rot gefärbten Bauchflossen umrahmt. Kehle, Bauch und Stirn haben die gleiche Tönung. Die Augen sind wieder, wie bei der vorgenannten Art, feuerrot. Über weite Gebiete des zentralen Amazonasbeckens sind die Fische verbreitet. Die Cichliden lassen sich in weichem, leicht saurem Wasser gut zur Nachzucht bringen. Wie ihre vorgenannten Verwandten sind sie Offenbrüter, die jedoch – falls vorhanden – jeden passend empfundenen geräumigen Unterstand für das Brutgeschäft vorziehen. Bei männlichen Tieren sind die Flossen allgemein etwas ausgeprägter. Als Laichsubstrat wird fast immer eine Steinplatte gewählt – in einem Unterstand ist es meist eine Wandseite unweit des Wasserspiegels. Sie wird nach einer Einleitung durch Rütteln vor der Eiabgabe von beiden Tieren gründlich geputzt. Je nach Alter, Größe und Allgemeinzustand des Weibchens werden 250 bis 1 000 bernsteinfarbene Eier abgesetzt. Bei jeder Folgebrut werden es meist etwas mehr. Die Larven schlüpfen bei 27 °C nach etwa 3 Tagen, worauf sie in eine Grube umgebettet werden. Hier entwickeln sie sich weiter. Es dauert aber immerhin noch rund 10 Tage, bevor diese Entwicklung abgeschlossen, der Dottersack aufgezehrt ist und beide Eltern wachsam ihre frei-schwimmenden Nachkommen präsentieren. Von nun an wird jeder Störenfried (auch – aus ihrer Sicht – hinter der Scheibe) mutig attackiert. Halbwüchsige Tiere neh-men im Aquarium, wie übrigens auch ihre Gattungsver-wandten, eine schräg nach oben gerichtete typische Haltung im Wasser ein.

Die Gattung *Mesonauta*. Im Jahre 1840 beschrieb HEK-KEL unter anderem *Heros festivus* und *H. insignis* (vergleiche MAYLAND ›Diskusfieber‹, Seite 31). Die erste Art wurde später von REGAN (1905) der Gattung *Cichlasoma* zugeordnet und die zweite als ihr Synonym aufgefaßt. Daran änderte auch die Tatsache nichts, daß GUENTHER 1862 die Arten in die von ihm neu geschaffene Gattung *Mesonauta* überführt hatte. KULLANDER machte den Gattungsnamen *Mesonauta* 1983 wieder gültig, beließ der Gattung aber vorläufig noch ihren monotypischen Status. Mit seiner Arbeit von 1986 machte er auch den Artnamen *M. insignis* wieder gültig, der von GUENTHER ursprünglich zum Gattungstyp bestimmt worden war. Es dürfte allerdings Aquarianern nicht leicht fallen, die beiden Arten

Mesonauta festivus und
Mesonauta insignis

optisch voneinander zu unterscheiden. Die Arten der Gattung gehören, zusammen mit denen von *Pterophyllum* und *Symphysodon*, einem Formenkreis an.

Mesonauta festivus ist, wie in diesem Buch bereits öfter erwähnt (vergleiche Kapitel ›Das große Becken‹), einer der am weitesten verbreiteten Buntbarsche Südamerikas. Die Anpassungsfähigkeit auch gegenüber härteren und leicht alkalischen Gewässertypen, wie wir sie im zentralen Amazonien nicht kennen, hat sicher zu dieser Verbreitung mit beigetragen. Der Flaggenbuntbarsch kommt ebenso im brasilianischen Amazonien (mit Mato Grosso) wie in den Guayana-Ländern – in Venezuela ebenso wie in Paraguay vor. Die vor dem letzten Krieg auch aquaristisch verbreiteten, durchweg silberfarbenen Tiere mit der schrägen Kopf- und Körperbinde haben in den letzten Jahrzehnten häufig Tieren farbiger Arten weichen müssen. Ihre Zucht gelingt in größeren Aquarien gut. Nach Art der Segelflosser geben auch die Weibchen des Flaggenbuntbarsches ihre Eier bevorzugt auf den großen Blattspreiten von (Amazonas-Schwert-)Pflanzen ab.

Die Gattung *Pterophyllum*. KULLANDER (1986) spricht bei *P. scalare* von „the only species of the genus" (der einzigen Art in der Gattung) und setzt damit nicht nur Artbeschreibungen wie *P. dumerilii* (CASTELNAU), *P. eimekei* AHL und *P. leopoldi* (GOSSE) in die Synonymität, sondern auch *P. altum* PELLEGRIN vom oberen Orinoco! Das hat bereits BURGESS (1976) zum Teil getan, aber dabei *P. altum* noch als Unterart von *P. scalare* geführt. In der ersten Ausgabe ihres in englischer Sprache erschienenen ›Atlas‹ (1985) werden die Wissenschaftler (in diesem Fall die Ichthyologen) in ›lumpers‹ (= ›Zusammenklumper‹) und ›splitters‹ (= ›Zerteiler‹) eingestuft. KULLANDER gehört normalerweise der letzten Gruppe an. Dieser Fall scheint jedoch das Gegenteil zu beweisen! Der Aquarianer wird sich fragen, wieso eine Fischspezies, die es noch nie nachzuzüchten gelang, mit einer verwandten anderen, deren Nachzucht ein ›Klacks‹ ist, in einen Topf geworfen wird. Auch ohne die üblichen Merkmale zu berücksichtigen, behaupte ich: *P. altum* ist eine ›gute‹ Art!
Pterophyllum scalare und *P. altum* unterscheiden sich allein schon dadurch, daß die Lebensräume des ersten weite Gebiete Amazoniens bedecken, auch wenn man dabei verschiedene geographische Musterungsformen der Tiere kennt. Da ist nicht allein der eigentliche Flußlauf von der Mündung des großen Amazonas aufwärts, mindestens bis Pucallpa/Perú (Yarina Cocha),

sondern die Fische leben auch in vielen seiner Neben-
flüsse (Tocantins/Araguaya, Xingú, Tapajós, Trombe-
tas, Rio Negro bis in den Oberlauf, Manacapurú, Coarí,
Tefé, Içá) und selbst im Rio Essequibo in Guyana, wie
LADIGES einmal berichtete. Die Verbreitung der Tiere,
die wir als *P. altum* kennen, beschränkt sich dagegen
nur auf ein begrenztes Gebiet im Einzugsgebiet des
oberen Orinoco und des oberen Rio Negro, so daß wir
diese Spezies fast als Endemiten bezeichnen können.
Von den Tieren sind drei leichte Farbvarianten
bekannt, von denen die Exemplare aus dem oberen Rio
Negro mit zarten Rottönen die farbigsten, aber wohl
auch die am seltensten importierten sind (vergleiche
auch Kapitel ›Das große Becken‹).

In der Gattung *Symphysodon* sind die Diskusfische
zusammengefaßt. Es sind die beiden Arten
    Symphysodon discus und
    Symphysodon aequifasciatus
sowie insgesamt drei Unterarten beschrieben worden,
wobei letztgenannte alle als Synonyme angesehen werden können (vergleiche auch MAYLAND ›Diskusfibel‹,
2. Auflage, in derselben Reihe). Diskusfische sind emp-
findliche Pfleglinge, die besondere Ansprüche an den
Pfleger und die Haltungsanlage stellen. Ihre Zucht als
Substratbrüter, deren Junge sich in den ersten Tagen
nach dem Freischwimmen von einem Hautsekret der
Eltern ernähren, kann unter bestimmten Bedingungen
gelingen.

Die Gattung *Uaru* war seit HECKELs Aufstellung im
Jahre 1840 bis im Jahre 1989 monotypisch. Als einzige
Art und Gattungstyp war ihr *U. amphiacanthoides*, der

Keilfleckbuntbarsch, zugeordnet. In KULLANDERs Arbeit von 1986 vermißt man die Behandlung dieser Art, die auch im peruanischen Amazonas vorkommt. STEINDACHNER beschrieb 1879 *U. imperialis*. Er muß dabei als HECKELs Kollege leichten Zugang zu dessen Typenmaterial gehabt und es gekannt haben. Heute gilt dieses Taxon jedoch als eines der Synonyme von *U. amphiacanthoides*.

Im Jahre 1980 machte SCHMETTKAMP auf die Existenz einer neuen, bisher wissenschaftlich noch nicht beschriebenen (?) Spezies aufmerksam. Die Tiere wurden später präpariert und dem schwedischen Reichsmuseum zugeführt. Da liegen die Präparate bis heute noch unbearbeitet, weil die Herkunft der Tiere nicht ermittelt werden konnte. 1989 beschrieb STAWIKOWSKI eine neue Art „vom oberen Orinoco-Einzug" und nannte sie *U. fernandezyepezi*. Aquaristisch haben die beiden letztgenannten Vertreter der Gattung noch keine Karriere gemacht.

Soweit bis heute bekannt ist, reicht die Verbreitung von *U. amphiacanthoides* über weite Gebiete des zentralen Amazoniens, im Norden bis in den Rio Branco. Der bevorzugte Lebensraum der Tiere liegt, ähnlich wie beim Diskus, in Zonen des Mischwassers, an dem Schwarzwasser beteiligt ist. Keilfleckbuntbarsche mögen es warm! Eine Haltungstemperatur von 28 °C kann durchaus empfohlen werden. Zur normalen Pflege wie zur Zucht der 25 bis 30 cm lang werdenden Keilfleckbuntbarsche wird ein Becken ab 120 cm Länge benötigt. Da diese Cichliden viel Appetit auf vegetarische Kost haben, soll man auf den Eintrag von Pflanzen verzichten. Weiches und leicht saures Wasser sollte neben reichlicher Grünfutterzugabe (Kopfsalat, Haferflocken, Stücke einer Salatgurke, Zwiebel- und Apfelscheiben, überbrühte Karotten- und Kohlrabischeiben usw.) weitere Grundlage für das Wohlbefinden der Tiere sein. Dennoch: Die Tiere sind keine Fleischverächter! Wie man bald feststellen kann, nehmen sie auch gern die gängigen Futterarten dieser Richtung – nur ausschließlich diese Nahrung sollen sie nicht bekommen! Keilfleckbuntbarsche sind ruhige Aquarienbewohner, bei denen es kaum einmal innerartliche Kämpfe mit dauerndem Drohen und dem oft bei Cichliden üblichen ›Macho-Gehabe‹ gibt. Sie brauchen dazu ein in der Einrichtung gut gegliedertes Aquarium – ein paar Unterstände dürfen es auch sein.

Hat sich ein harmonisches Miteinander im Becken eingestellt und darüber hinaus ein Paar gebildet, kann es auch zur Nachzucht kommen. Soweit zu beobachten war, laichen die Weibchen meist in Bodennähe auf einem waagerechten oder schräg ansteigenden Substrat, wie etwa einer flachen Steinplatte, die vor dem Abgeben der Eier intensiv geputzt wird. Daneben werden auch mehrere flache oder tiefere Gruben ausgewedelt. In dem 100 bis 200 Eier umfassenden Gelege entwickeln sich die relativ kleinen, bernsteinfarbenen Laichkörner innerhalb von rund 2 Tagen bis zum Schlupf der Larven. An der Brutpflege beteiligt sich das Weibchen intensiver als der Partner. Sie ist es auch, die sich jetzt darum bemüht, die Nachkommen in die größte Grube umzubetten, wo sie sich bis zum Aufzehren des nicht allzu üppigen Dottersackes zu schwimmfertigen Jungfischen weiterentwickeln. Dazu benötigen sie noch rund drei weitere Tage. Nach Art der Diskusfische weiden die Kleinen in den ersten Tagen ihres Lebens die Körperseiten der Eltern ab. Um ihnen die notwendigen Chancen dafür zu geben, hält sich einer der Eltern stets unmittelbar über dem Pulk der Jungfische auf. Die Nahrung bekommt den Jungen sehr, denn ihr Wachstum in diesen ersten Tagen läßt sich schon gut verfolgen. Nach einer knappen weiteren Woche wird die erste Zusatznahrung in Form von Artemia-Nauplien genommen. Im folgenden Jugendstadium machen die Fische noch einen interessanten Färbungs- und Musterungswechsel durch, den zu verfolgen allein schon die Pflege dieser Kleinen lohnend macht.

Verzeichnis ergänzender Literatur

BARLOW, G. W.: »Competition between colour morphs of the polychromatic Midas cichlid *Cichlasoma citrinellum*.« Science, 179, pp. 806–807, 1973.

— —: »The Midas cichlid in Nicaragua.« In „Investigation of the ichthyofauna of Nicaraguan Lakes." T. B. THORSON, ed.; University of Nebrasca, Lincoln, pp. 333–358, 1976.

BOULENGER, G. A.: »Poissons de l'Équateur.« Boll. Mus. Zool. Anat. Comp. Torino, XIV, 1899.

BUSSING, W. A.: »Geographic distribution of the San Juan ichthyofauna of Central America with remarks on its origin and ecology.« In „Investigations of the ichthyofauna of Nicaraguan lakes." T. B. THORSON, ed.; University of Nebrasca, Lincoln, pp. 157–175, 1976.

— —: »Peces de las aguas continentales de Costa Rica.« 1. ed., San José, C. R.: Editorial de la Universidad de Costa Rica, pp. 1–271, 1987.

— — & LÓPEZ SÁNCHEZ, M. I.: »Distributión y aspectos ecológicos de los peces de las cuancas hidrográficas de Arenal, Bebedero y Tempisque, Costa Rica.« Rev. Biol. Trop., 25, pp. 13–37, 1977.

— — & MARTIN, M.: »Systematic status , variation and distribution of four Middle American cichlid fishes belonging to the *Amphilophus* species group, genus *Cichlasoma*.« Nat. Hist. Mus. Los Angeles Co., Contrib. Sci., 269, pp. 1–41, 1975.

EIGENMANN, C. H. & BRAY, W. L.: »A Revision of the American Cichlidae«, (mit der Aufstellung von *Retroculus* und *Aequidens*). Ann. N. York Acad., VII, pp. 607–624, 1894.

FITTKAU, E. J.: »Zur ökologischen Gliederung Amazoniens. I. Die erdgeschichtliche Entwicklung Amazoniens.« Amazoniana, V, 1, S. 77–134, 1974.

GEISLER, R., KNÖPPEL, H. A. & SIOLI, H.: »Ökologie der Süßwasserfische Amazoniens. Stand und Zukunfsaufgaben der Forschung.« Naturwiss., 58, S. 303–311, 1971.

GÉRY, J.: »The freshwater fishes of South America.« In „Biogeography and Ecology in South America." FITTKAU et al. (eds.), vol. 2, pp. 828–848, Monographiae Biologicae 19, The Hague, Dr. W. Junk N. V. Publishers.

– –: »The fishes of Amazonia.« In „The Amazon. Limnology and landscape ecology of a mighty tropical river and its basin"; pp. 352–369, SIOLI, H. (ed.), Dr. W. Junk Publishers, Dordrecht/Holland, pp. 1–763, 1984.

GOSSE, J. P.: »Poissons d'eau douce du versant pacifique du Costa Rica et de Panama recoltes par sa Majeste le Roi Leopold de Belgique.« Bull. Inst. r. Sci. nat. Belg., 42, pp. 1–24, 1966.

– –: »Revision du genre *Retroculus*, designation d'un néotype de *Retroculus lapidifer* (CASTELNAU, 1855) et description de deux espèces nouvelles.« Bull. Inst. r. Sci. Nat. Belg. 47 (43), pp. 1–13, 1971.

– –: »Révision du genre *Geophagus*.« Mém. Acad. r. Sci. d'Outre-Mer; Cl. Sci. Nat. Méd., N. S., XIX-3, Bruxelles; pp. 1–172, 1975.

HILDEBRAND, S. F.: »Notes on a collection of fishes from Costa Rica.« Copeia, pp. 1–9, 1930.

– –: »A new catalogue of the freshwater fishes of Panama.« Field Mus. Nat. Hist., Zool. Ser., 22, pp. 219–359, 1938.

HOLLY, M., MEINKEN H. & RACHOW, A.: »Aquarienfische in Wort und Bild.« Sammelbände ab 1932 im Alfred Kernen Verlag, Stuttgart.

HUECK, K.: »Die Wälder Südamerikas; Ökologie, Zusammenfassung und wirtschaftliche Bedeutung.« Gustav Fischer Verlag, Stuttgart, S. 1–422, 1966.

INGEBRAND, M.: »Erfahrungen mit der Behandlung eines Fräskopfwurm-Befalls.« DATZ, 42, S. 247–248, 1989.

KILIAN, B.: »*Biotoecus opercularis* gezüchtet.« DATZ, 42, S. 713–714, 1989.

KNÖPPEL, H. A.: »Zur Nahrung tropischer Süßwasserfische aus Südamerika.« Amazoniana, Bd. III(2), S. 231–246, 1972.

KUHLMANN, F.: »*Biotodoma* erfolgreich im Aquarium nachgezogen.« DATZ, 37, S. 14—17, 1984.

KULLANDER, S. O.: »*Papiliochromis gen. nov.*, a new genus of South American cichlid fish (Teleostei: Perciformes).« Zoologica scripta, Umea/Sweden, vol. 6, pp. 253—254, 1977.

——: »A taxonomic study of the genus *Apistogramma* REGAN, with a revision of Brazilian and Perivian species.« Bonn. Zool. Monogr., No. 14, pp. 1—152, 1980.

——: »A revision of the South American cichlid genus *Cichlasoma* (Teleostei: Cichlidae).« Swed. Mus. Nat. Hist., Stockholm, pp. 1—296, 1983.

——: »Cichlid fishes of the Amazon River drainage of Peru.« Swed. Mus. Nat. Hist., Stockholm, pp. 1—431, 1986.

——: »*Teleocichla*, a New Genus of South American Rheophilic Cichlid Fishes with Six New Species (Teleostei: Cichlidae).« Copeia (1), pp. 196—230, 1988.

——: »*Biotoecus* EIGENMANN and KENNEDY (Teleostei: Cichlidae): description of a new species from the Orinoco Basin and revised generic diagnosis.« Journ. of Nat. Hist., 23 (1), pp. 225—260, 1989.

——: »Description of a new *Acaronia* species (Teleostei: Cichlidae) from the Rio Orinoco and Rio Negro drainages.« Zool. Scr., vol. 18, No. 3, pp. 447—452, 1989.

——: »*Mazarunia mazarunii* (Teleostei:Cichlidae), a new genus and species from Guyana, South America.« Ichthyol. Explor. Freshwaters, Vol. 1, No. 1, pp. 3—14, 1990.

—— & NIJSSEN, H.: »The cichlids of Surinam.« E. J. Brill, Leiden/Holland und Köln, pp. 1—256, 1989.

—— & FERREIRA, E. J. G.: »A new *Satanoperca* species (Teleostei: Cichlidae) from the Amazon River Basin in Brazil.« Cybium, 12 (4), pp. 343—355, 1988.

LOFTIN, H. G.: »The geographical distribution of freshwater fishes in Panama.« Dissertation zum Ph. D., Florida State Univ., Tallahassee (authorized facsimile printed by microfilm by University Microfilms Intern., Ann Arbor, Mich., USA, 1982), p. 1—264, 1965.

LOISELLE, P. V.: »Der Cichlasoma-Labiatum-Komplex.« DATZ, 35, Teil I: S. 169−172 (1982a), Teil II: S. 212−214 (1982b).

LÜLING, K. H.: »*Aequidens rivulatus*.« TI (Tetra) 6, Heft 19, S. 2−3, 1972.

MAYLAND, H. J.: »Große Aquarienpraxis«, Teil III, »Cichliden und Fischzucht«. Landbuch-Verlag, Hannover, S. 1−461, 1978.

−−: »Buntbarsche exklusiv aus Mexiko (Ein Abstecher in die nordmexikanische Halbwüste).« Aquarien Magazin, 12, S. 604−608, 1978.

−−: »Eine wasserkundliche Reise nach Nicaragua (Wasserwerte wie an den zentralafrikanischen Seen).« Aquarien Magazin, 14, S. 30−33, 1980a.

−−: »Das Fischparadies Chaco.« Aquarien Magazin, 14, S. 128−135, 1980b.

−−: »Im Land der Diskusfische. (Ein Exkursionsbericht vom mittleren Amazonas).« Aquarien Magazin, 15, S. 433−439, 1981.

−−: »Diskusfische – Könige Amazoniens.« Landbuch-Verlag, Hannover, S. 1−224, 1981.

−−: »Ein Mekka für Buntbarschfreunde: Die Laguna Media Luna.« Aquarian Magazin, 17, S. 626−628, 1983.

−−: »Expedition Darién. (Eine aquaristische Studienreise nach Ostpanama).« Aquarien Magazin, 18, S. 292−299, 1984.

−−: »Mittelamerika. (Cichliden und Lebendgebärende in ihrem Lebensraum).« Landbuch-Verlag, Hannover, S. 1−304, 1984.

−−: »Zur Laichzeit ein Tyrann: Der Panama-Buntbarsch.« Aquarien Magazin, 19, S. 15−16, 1985.

−−: »Neu: Der Rotflossen-Perlmutterbuntbarsch (*Gymnogeophagus gymnogenys*).« Aquarien Magazin, 21, S. 68−70, 1987.

−−: »Diskusfibel. (Bekanntes und Unbekanntes über den König der Aquarienfische).« Landbuch-Verlag, Hannover, S. 1−208, 1987/1990.

−−: »Endlich wiederentdeckt: *Biotoecus opercularis*.« Das Aquarium, 21, S. 400−402, 1987.

——: »Diskusfieber. (Geschichte, Erlebnisse und Geschichten von der Suche nach Diskusfischen und anderen interessanten aquatischen Bewohnern der Gewässer Brasiliens und einiger angrenzender Länder).« Landbuch-Verlag, Hannover, S. 1–215, 1988.

——: »Mexiko (Landschaft, Tiere, Pflanzen).« Landbuch-Verlag, Hannover, S. 1–208, 1989.

MEEK, S. E.: »A contribution to the ichthyology of Mexico.« Publ. Field Columb. Mus., zool. ser., vol. 3, no. 6, pp. 63–128, 1902.

——: »The fresh-water fishes of Mexico north the Isthmus of Tehuantepec.« Ibid., zool. ser., vol. 5, p. 1–252, 1904.

MILLER, R. R.: »Geographical distribution of Central American fresh-water fishes.« Copeia, 4, pp. 773–802, 1966.

——: »Geographical distribution of Central American fresh-water fishes, with attendum.« In „Investigations of the ichthyofauna of Nicaraguan lakes.“ T. B. THORSON, ed.; University of Nebrasca, Lincoln, pp. 125–156, 1976.

OHM, D.: »Weibchen werden zu Männchen: Geschlechtsumwandlung beim Buntbarsch *Crenicara punctulata*.« Aquarien Magazin, 14, S. 631–634, 1980.

REIS, R. E. & MALABARBA, L. R.: »Revision of the neotropical cichlid genus *Gymnogeophagus* RIBEIRO, 1918, with description of two new species (Pisces, Perciformes).« Revta. bras. Zool., São Paulo, 4 (4), pp. 259–305, 1988.

SCHMETTKAMP, W.: »Gesattelt und gezäumt: „Aequidens“ geayi.« Aquarien Magazin, 13, S. 586–589, 1979.

——: »Die Gattung *Uaru* HECKEL, 1840.« DCG-Info, 11 (6), S. 105–114, 1980.

——: »*Aequidens sensu* KULLANDER. Anmerkungen aus der Sicht eines Aquarianers.« Das Aquarium, 20, S. 20–23, 1986.

SCHULZ, T.: »Neu: Ein alter Hut – *Gymnogeophagus gymnogenys*.« DATZ, 39, S. 488–491, 1986.

STAWIKOWSKI, R.: »*Aequidens pulcher* (GILL, 1858 und seine Verwandten im Aquarium.« DATZ, 36, S. 244–246, 1983.

— —: »Ein neuer Cichlide aus dem oberen Orinoco-Einzug: *Uaru fernandezyepezi* n. sp. (Pisces: Perciformes: Cichlidae).« Bonn. zool. Beitr., 40 (1), pp. 19—26, 1989.

— — & WERNER, U.: »Die Buntbarsche der neuen Welt (Mittelamerika).« Edition Kernen, Essen, S. 1—271, 1985.

— —: »Neue Erkenntnisse über die Buntbarsche um *Theraps lentiginosus* mit der Beschreibung von *Theraps coeruleus spec. nov..*« DATZ, 40, S. 499—504, 1987.

WERNER, U. & STAWIKOWSKI, R.: »Der Goldsaumbuntbarsch ist *Aequidens rivulatus* (GÜNTHER, 1859). Ein überraschendes Ergebnis einer ichthyologischen Fangreise nach Ecuador.« DATZ, 38, S. 533—538, 1985.

WHITLEY, G. P.: »New Fishes Names and Records.« Proc. Roy. Zool. Soc. New South Wales, pp. 67—68, 1951.

Register

(* = Abbildung)

167